Hans-Peter Dürr

Die Zukunft ist ein unbetretener Pfad

W0174892

HERDER / SPEKTRUM
Band 4340

Das Werk

Ökologie und Ökonomie müssen jetzt in einer neuen Politik zusammengebracht werden, wenn wir uns der Ganzheit von Mensch und Umwelt stellen wollen. Hans-Peter Dürr formuliert die Kriterien für Bedeutung und Gestaltung einer ökologischen Lebensweise. Als „Grenzgänger" plädiert er nicht nur für eine neue Ethik in den Naturwissenschaften, sondern greift Themen auf, die unsere globale Situation in einem veränderten Licht erscheinen lassen. Seine Überzeugung: Die drängenden Probleme unserer Zeit sind nicht unlösbar, die Zukunft ist prinzipiell offen. Die fundamentalen Bezüge zur natürlichen Umwelt sind zu heilen und zu wahren, wenn wir uns als umfassend verantwortliche Wesen erweisen. Aus seinem tiefen naturwissenschaftlichen Verständnis ergibt sich eine erstaunliche Nähe zu den Werten der überlieferten Traditionen. Schlüssel ist die Abkehr von der mechanistischen Sicht einer inhärent-objektiven Wirklichkeit. Konsequenz: ein Bewußtseinswandel, der den Herausforderungen der zusammengerückten Welt angemessen ist. Eine realistische Vision für eine nachhaltige Entwicklung und das Zusammenleben aller Lebensformen auf der Erde.

Der Autor

Hans-Peter Dürr, geb. 1929, Promotion bei Edward Teller in Berkeley, Habilitation und apl. Professor an der Universität München, arbeitete am Max-Planck-Institut für Physik und Astrophysik in München 17 Jahre mit Werner Heisenberg an grundlegenden Problemen der Quantenphysik. Direktor am Max-Planck-Institut für Physik, Werner-Heisenberg-Institut, München (zeitweise Geschäftsführung). Unter seinen Auszeichnungen: Right Livelihood Award (Alternativer Nobelpreis) 1987; Elise and Walter Haas International Award der University of California (1993).

Hans-Peter Dürr

Die Zukunft
ist ein
unbetretener Pfad

Bedeutung und Gestaltung eines
ökologischen Lebensstils

Herausgegeben von Matthias Braeunig

Herder
Freiburg · Basel · Wien

Originalveröffentlichung

Alle Rechte vorbehalten – Printed in Germany
© Verlag Herder Freiburg i. Br. 1995
Herstellung: Freiburger Graphische Betriebe 1995
Umschlaggestaltung: Joseph Pölzelbauer
Umschlagbild: Paul Klee, Nach Regeln zu pflanzen,
1935, 91 (n 11)
© VG Bild-Kunst, Bonn 1994
ISBN: 3-451-04340-8

Inhalt

Vorwort

Die öffentliche Diskussion um Ökologie und Umweltschutz
– in den achtziger Jahren auch im Zusammenhang mit der
Kernenergiedebatte ein brennendes Thema – hat sich in den
letzten Jahren sichtlich beruhigt. Andere Fragen sind wieder
in den Vordergrund gerückt: nach der deutschen Wiederverei-
nigung neue, besonders wirtschaftliche und soziale Ängste
und Nöte, Arbeitslosigkeit und Rechtsradikalismus. Fast
hatte man den Eindruck gewinnen können, die Sorge um den
Erhalt natürlicher Lebensräume für Menschen, Tiere und
Pflanzen, der Schutz der Biosphäre, sei zu einem gesellschaft-
lich akzeptierten und politisch sicher etablierten Programm
geworden, das die Menschen hüben und drüben eint. Zwar hat
Grüne Politik inzwischen einen (aber noch nicht ihren) Platz
gefunden, und die Industrie hat sich auf den frischen Wind aus
der Ökoecke eingerichtet. Dennoch: Als scharfer Beobachter
erkennt man selbst die Oberflächlichkeit dieses Zustands,
denn es wird weiterhin zuviel abgewartet und entschuldigt.
Es mag angesichts des Umfangs der Probleme eine Ernüchte-
rung eingetreten sein, bei der es scheint, als sei das echte Um-
weltproblem, das in unserem Bewußtsein schon einmal so
stark war, tiefer gerutscht, es liegt nicht mehr auf der Zunge,
sondern im Magen. Entsprechend arbeitet es, das läßt sich
wünschen, in der Tiefe weiter. Wir haben heute weniger spek-
takuläre Demonstrationen und Aufrufe, dafür politische U-
Boot-Taktik.
Wenn man will, kann man die „Stufe I der ökologischen Re-
Evolution" als abgeschlossen betrachten. Sie war mit Wach-
rütteln und Sensibilisierung befaßt, jetzt kommt die Arbeit.
Dabei mag auffallen, daß Ökologie uns näher ist, als wir angenommen haben. Ich bevorzuge den Ausdruck „Ökologik",
um anzudeuten, daß die unvermindert heraufziehende globale ökologische Krise transformiert werden will – sie ist mit
einem ganz neues Denken und Handeln verbunden. Dieser

Prozeß umfaßt den ganzen Menschen – also auch sein Bewußtsein und Selbstverständnis. Intelligenz und Intuition für das situativ Richtige ist nun gefragt. Sie können uns die Optionen eröffnen, die links und rechts vom ausgetretenen Weg (der immer die Verlängerung der Vergangenheit ist) zu finden sind. Die prinzipielle Ungewißheit der Zukunft braucht unsere Ermutigung, denn sie ist wie ein unbetretener Pfad. Wie und wo kann es weitergehen?

Der Münchener Physiker Hans-Peter Dürr ist ein öko-logischer Querdenker, der sich unermüdlich, mutig und mit großer Kompetenz für neue Schritte und Neuorientierung im Dschungel des „ökologischen Umbau der Industriegesellschaft" (der ein Selbst-Umbau sein muß!) einsetzt. Ende der Achtziger, noch während meines Studiums, hatte ich ihn in Berlin kennengelernt. Als erstes fiel mir die Unerschrockenheit auf, mit der er selbst die eingefahrensten Vorstellungen anging, um damit Raum für Veränderung zu schaffen. Für Wissenschaftler ist dies zwar die Voraussetzung ihrer Arbeit, aber nur selten treten sie damit auch öffentlich hervor. Ich glaube, es kennzeichnet Menschen mit einem hohen Maß an Verantwortungsbewußtsein und Vertrauen in die eigene Kraft. Sein couragiertes Eintreten gegen SDI (die „Strategische Verteidigungs-Initiative" der USA) und die Gründung vieler Organisationen wie des „Global Challenges Network" und der „International Foundation for the Survival and Development of Humanity" ermöglichten es ihm immer wieder, Menschen und Mittel für eine lebensfrohe Gestaltung ihrer Zukunft zu bewegen. Doch die Wirkungen seiner Einflußnahme auf die Ausrichtung der Politik in Deutschland und anderswo sind erst im Keim erkennbar, obwohl das innovative Potential seiner Vorschläge und Denkansätze auch in Wirtschaftskreisen große Anerkennung gefunden hat. Im gewandelten Selbstverständnis der modernen Naturwissenschaft und den daraus folgenden Konsequenzen für unser Leben liegt ein so gewichtiges Potential für die Bewältigung all der bevorstehenden und aktuellen Schwierigkeiten, daß es sich lohnt, die Aufsätze und Schriften Dürrs für ein größeres Publikum herauszugeben. Im

Kampf gegen Resignation vor den bestehenden Aufgaben verbindet ihn viel mit dem kürzlich gestorbenen Zukunftsforscher Robert Jungk und in philosophischer Hinsicht steht Dürr den Auffassungen von Hans Jonas sehr nahe.

Doch wieso steht unser „Wissen" – das Produkt unserer westlichen Kultur – im Konflikt mit den Aufgaben, die wir zu bewältigen haben? Von den Wissenschaften - die ich hier nicht geteilt sehen will (denn alle Wissenschaft ist im Grunde beides, Natur- und Geisteswissenschaft) – erwarten wir ganz allgemein, daß sie uns helfen, die Rolle des Menschen im Universum zu erhellen, um damit reales Leid in der Welt zu vermindern. Dies ist keine übertrieben idealistische Vorstellung, denn derartige Argumente (er-)finden wir ja immer wieder zur Rechtfertigung neuer Forschungsvorhaben, auch in den kritischen Bereichen wie beispielsweise der Gentechnik. Trotzdem funktioniert es nicht recht. Der Fadenscheinigkeit solcher Motive werden sich viele Menschen bewußt, wenn es doch nur allzu deutlich um die Sicherung einseitiger Machtinteressen (militärisch, technologisch, wirtschaftlich) geht, die auf dem wissenschaftlichem Fundament ruhen. Diese unglückliche Verquickung von Partikularinteressen mit dem Glauben an die eine Wahrheit haben wir in der Unausweichlichkeit des Golfkriegs erlebt. Ohnmächtig forderten viele friedliebende Menschen damals „kein Blut für Öl". Was hat das mit Wissenschaft und Wertung zu tun? – Wir erleben hier eine eigenartige Ambivalenz: Ihre Methode beschert uns eine unerhörte Freiheit und Macht durch Wissen („Know-How"). Ihr gegenüber steht die immer stärker beschleunigte Naturausbeutung im Zuge des technischen Fortschritts. Fluch und Segen liegen eng beisammen. Wo bleibt die Weisheit? Die Entdeckung der Quantenphysik und der Relativität in diesem Jahrhundert, die heute in umwälzenden Vorstellungen der Biologie und Chemie von Komplexität, Ordnung und Selbstorganisation ihre Fortschreibung gefunden haben, müssen uns zutiefst nachdenklich machen! Denn diese Erfahrungen geben einen Fingerzeig auf erstaunliche Zusammenhänge, die jenseits unserer herkömmlichen Anschauung existieren, und die von ihrer Bedeutung her äußerst wichtig sind. Sie sind tiefere Einsichten in unser Sein, die es ermöglichen, mit „Andersgläubigen" in den Dialog zu kommen. Darin besteht letztlich genau die Chance, die die wissenschaftliche Plattform bietet. Um sie zu nutzen, müssen wir zuerst mit alten Gewohnheiten aufräumen und uns den Tatsachen stellen, wie sie sind. Die umfassende öko-logische Krise von heute ist Ausdruck und Anlaß dieser inneren Konfrontation. Insofern ist eine Arbeit für unsere Umwelt eine Arbeit an uns selbst und umgekehrt.

Aus der Einsicht in die Ganzheit des Bewußtseins von der Natur macht Dürr Lösungsvorschläge zu vielen heiklen Fragen, wie wir eine Umgestaltung der Wirtschaft und auch eine neue Sozialintegration doch noch schaffen können. Sachlich bleibt er ganz bei den „Fakten", wie er es wohl von seinem Lehrer Werner Heisenberg gelernt hat. Unsere Aufmerksamkeit wird unwillkürlich auf den blinden Fleck gelenkt, der uns bedeutet, umfassende Verantwortung für das Leben zu tragen. Es lassen sich Visionen für eine Politik erkennen, in der Ökonomie und Ökologie Hand in Hand gehen und sich Respekt vor der Natur mit einer heilenden Spiritualität trifft.

Die Industrienationen haben einen Führungsanspruch bei der Lösung der für die gesamte Erde wichtigen Frage nach tragfähigen Zukunftsmodellen. Sie sind geleitet von dem Interesse, den erreichten Lebensstandard zu erhalten. Aus Furcht vor Veränderung neigen sie jedoch zu einer verkrampften und zögerlichen Haltung, die, je länger sie dauert, nur weiter am eigenen Ast sägt und schließlich unliebsame Folgen hat. Aus Angst vor den Konsequenzen für das eigene Selbstbewußtsein (sei es Staatenidentität oder Egozentrik einzelner) verweigern sie die notwendigen Schritte, die eine neue Ära des Lebens auf der Erde einleiten könnten. Die Gefahr, daß wirtschaftliche Zwänge wieder verschärft Spannungen aufbauen, die sich in aggressiven Maßnahmen gegeneinander entladen oder gegen die schwächeren Dreiviertel der Menschheit richten, scheint auch nach Überwindung der Ost-West-Blöcke groß. Eigenartigerweise schauen wir dem so empfundenen Niedergang fast ratlos zu und übersehen, welch große Vorteile sogar ein konsequenter Alleingang eines (vorzugsweise wirtschaftlich starken) Landes wie der Bundesrepublik haben könnte: Mit so gutem Beispiel vorangehend, könnte ein weltweiter Lawineneffekt entstehen, dem andere Staaten bald in ihrer eigenen Weise nachfolgen würden, denn die Sogwirkung ist garantiert. Dafür müßten wir hier nur die Rahmenbedingungen etwas drastischer zu ändern bereit sein, als das bisher geschieht, und auch für eine gewisse Zeit die Rolle eines Außenseiters in Kauf nehmen. Leider ist die heutige Politik zu solchen Richtung weisenden Entscheidungen kaum in der Lage, da – wie deutlich geworden sein sollte – das Wirtschaftssystem aufs engste mit dem bisherigen wissenschaftlichen Paradigma verknüpft ist.

Mit der Konferenz für Umwelt und Entwicklung 1992 in Rio war die Parole von „nachhaltiger Entwicklung" (Sustainable Development) plötzlich in aller Munde, ohne daß sich konkret angeben ließ, was man damit meint. Zu Hause entpuppte sich die Formel erst als leere Hülse, mit der sich Zeit gewinnen und noch einmal ein gemeinsames Nachdenken anregen ließ. Viele verschiedene (meist technische) Interpretationen von Nachhaltigkeit wurden bisher gegeben. Inzwischen scheint klar geworden zu sein, was dieser Begriff tatsächlich beinhaltet: Sustainable Development ist der umsichtige, achtsame und liebevolle Umgang von Menschen im Miteinander und mit anderen Geschöpfen in Anerkennung ihrer gegenseitigen Abhängigkeit. Für die Ökonomie bedeutet sie die Unvereinbarkeit mit stetigem (materiellen) Wachstum. Das liest sich einfacher als eine technische Anweisung: Eine ökologische Politik, die diese eigentlich alten Werte der Menschheit wieder fördern will, ist gleichzeitig konservativ und fortschrittlich, traditionsbewußt und zukunftsorientiert in einem. Sie fördert sanfte Technologien im Ausgleich der Interessen mit der Natur. Sie ist orientiert an einem Vorsorge tragenden Prinzip, das zukünftige Möglichkeiten vermehrt statt einschränkt.

Auch wenn dieses Vorwort bereits einen sehr weiten Bogen zu spannen versucht hat, fügt Hans-Peter Dürr alles zu einem

Gesamtbild zusammen, durch das sich ein Faden deutlich zieht: Die Überwindung des klassischen, rein mechanistischen Denkens erfordert einen drastischen Bruch mit dem, was wir als Wirklichkeit bezeichnen. Dieser vom ganzheitlichen Naturverständnis her motivierte Schritt hat weitreichende Folgen, die eben – und das wird bei der Lektüre von Dürrs Aufsätzen klar – über rein weltanschauliche Gesichtspunkte hinaus neue Leitideen für den Umgang des Menschen mit der Natur bedeuten. Denn eine „Ökonomie der Nachhaltigkeit" arbeitet innerhalb der vom Ökosystem vorgegebenen Grenzen und nimmt daher Abstand von einer Fixierung auf quantitatives Wachtum. Das macht vielleicht manches schmerzliche Eingeständnis notwendig und heißt auch, mit liebgewordenen Gewohnheiten aufzuräumen. Doch aus der Sicht des modernen Naturwissenschaftlers bedeutet dies ein geringes Opfer, gemessen am Gewinn von Freiheit und Lebensfreude im Respekt der Natur, die „unsere eigene Natur" ist.

Ich wünsche mir, daß dieses Büchlein eine weite Leserschaft findet, die die darin enthaltenen Vorschläge sorgfältig erwägt und mit eigenen Erfahrungen in Beziehung bringt. Für diejenigen, die im Naturwissenschaftlichen nicht nur eine Gefahr, sondern auch einen gültigen Erkenntnisweg sehen, möge das Buch eine Orientierungshilfe sein, so wie es die Begegnung mit Hans-Peter Dürr für mich war. Es sollte sogar in Schulen und Bildungsstätten im Unterricht ebenso Eingang finden wie in nachdenklich gewordene Wirtschaftskreise und in die Politik – auf das endlich Zeiten anbrechen, in der Menschen mit Herz und Verstand gemeinsam für eine lebenswerte Zukunft stehen, in der die zerstörerische Trennung überwunden wird.

Für die inspirierende und freundschaftliche Zusammenarbeit möchte ich Hans-Peter Dürr sehr herzlich danken. Ebenso auch Wiltrud Huber vom MPI für Physik, die mich bei den Recherchen stets so hilfreich unterstützte.

Staufen i. Br., im Juli und September 1994
Matthias Braeunig

Die Verantwortung naturwissenschaftlichen Erkennens

1. Einleitende Bemerkungen

Ich werde das Thema im Sinne einer ‚Verantwortung des Wissenden' und speziell einer ‚Verantwortung des nach naturwissenschaftlicher Erkenntnis Strebenden' oder, einfacher, einer ‚Verantwortung des Naturwissenschaftlers' auffassen und diskutieren. In der öffentlichen Diskussion haben wir uns daran gewöhnen müssen, daß das Wort ‚Verantwortung' allzu schnell und leicht in den Mund genommen wird. Hier und jetzt wird oft behauptet, „daß man sich der Verantwortung bewußt sei", oder „für dieses oder jenes die Verantwortung übernehmen würde". Wir müssen uns dabei im klaren sein, daß, wenn wir von Verantwortung sprechen, wir eigentlich immer genauer fragen müssen: *Wer hat Verantwortung vor wem und für was?* Hierbei drückt die Übernahme von Verantwortung eine Bereitschaft aus – gewöhnlich gegenüber den Mitmenschen, manchmal gegenüber der ganzen Menschheit oder sogar der ganzen Schöpfung –, für die durch eigenes Handeln verursachten Folgen persönlich einzustehen und auf eine geeignete Weise zu bürgen. In dieser Formulierung wird deutlich, daß für einen Menschen umfassende Verantwortung zu tragen kaum möglich sein wird und deshalb dies auch von ihm nicht gefordert werden kann. Die Antwort auf die Frage, ob ein Mensch im allgemeinen oder ein Naturwissenschaftler im besonderen die Folgen für sein Tun tragen muß und kann, kann deshalb nicht einfach mit Ja oder Nein beantwortet werden. Die Antwortet darauf bedarf einer genaueren Spezifizierung und Differenzierung. Die Frage, inwieweit ein Mensch für das, was er tut, verantwortlich ist, also gegebenenfalls zur

Rechenschaft gezogen werden kann, hat die Menschen – und hier vor allem auch die Theologen – zu allen Zeiten stark beschäftigt und beschäftigt sie auch heute noch. Ich möchte und kann dieser Frage in meinem Vortrag selbstverständlich nicht in seiner vollen philosophischen Breite nachgehen. Ich möchte mich auf einige wenige Betrachtungen beschränken, die mir heute von großer Wichtigkeit erscheinen, und die sich direkt oder indirekt auf die Naturwissenschaft oder die naturwissenschaftliche Erkenntnis beziehen, wobei ich bei meiner Argumentation vor allem Einsichten der Naturwissenschaften selbst verwenden möchte. Ich will dies auch nicht in rein abstrakter Form tun, sondern in direktem bezug auf das, was uns heute als wache Menschen bedrückt und bedrängt. Offensichtlich war es doch nicht eine rein intellektuelle Übung, welche die Organisatoren dieser Ringvorlesung zu dem Thema ‚Verantwortung des Wissens' greifen ließ, und es ist wohl auch kein Zufall, daß sie beim ‚Wissen' mit dem ‚naturwissenschaftlichen Erkennen' beginnen wollten. Sind es doch die Folgen naturwissenschaftlicher Erkenntnis, welche die menschliche Zivilisation heute in eine ernste Existenzkrise zu stürzen drohen. Durch die rasante Entwicklung der Technik, die aus der Naturwissenschaft hervorgegangen ist, ist die Naturwissenschaft in den letzten Jahrzehnten immer mehr aus ihrem philosophischen Elfenbeinturm herausgedrängt worden. *Wissen ist Macht* hatte schon im 16. Jahrhundert der englische Staatsmann und Philosoph *Francis Bacon*, Begründer des Empirismus, verkündet. Naturwissenschaft ist heute nur noch zu einem verschwindend kleinen Teil auf Erkenntnis und Wissen im eigentlichen Sinne orientiert. Ihr Hauptinteresse gilt der Anwendung, dem know-how, der Manipulation natürlicher Prozesse zur Erreichung bestimmter, gewollter Zwecke. Dies beinhaltet nicht nur, was wir gewöhnlich als Forschung in ‚angewandter Wissenschaft' bezeichnen, sondern schließt auch den größten Teil der Grundlagenforschung ein, welche vorbereitende Untersuchungen für solche Anwendungen durchführt. Durch die extensiven und intensiven Forschungen der letzten Jahrzehnte wurde die

Vielfalt der Manipulationsmöglichkeiten ganz beträchtlich erweitert, vor allem aber wurde auch die Stärke unserer Einflußnahme um viele Größenordnungen erhöht. Mit der Erschließung der Atomkernenergie haben wir durch Kernspaltung die Energiepotentiale millionenfach gegenüber dem chemischen Energiepotential vergrößert, und die Kernfusion, die uns zunächst allerdings nur in der destruktiven Form der Wasserstoffbombe zugänglich ist, erlaubt eine weitere Vergrößerung. Wir haben mit diesen Energieumsetzungen eine Dimension erreicht, welche in Konkurrenz zu den natürlichen, auf unserer Erdoberfläche wirkenden Kräften treten. Damit ist uns die Fähigkeit zugewachsen, direkt in das empfindliche Kräftespiel einzugreifen, das die Stabilität unserer natürlichen Umwelt gewährleistet. Mit der modernen Naturwissenschaft und ihren technischen Möglichkeiten hat sich der Mensch Werkzeuge geschaffen, die prinzipiell zu seiner eigenen Zerstörung, ja zu seiner Zerstörung als Gattung und darüber hinaus sogar zur Zerstörung des verletzlichen, höher entwickelten Teils der Biosphäre ausreichen. Viele zeigen in diesem Zusammenhang immer wieder auf die Naturwissenschaftler als die eigentlichen Verursacher dieser bedrohlichen Entwicklung. Dieses Unbehagen spitzt sich bei manchen in der Forderung zu, daß den Forschern künftig ihr Handwerk gelegt werden müsse, um der Menschheit eine Überlebenschance zu geben. Sie sehen den Naturwissenschaftler in der Situation des Zauberlehrlings, der die Geister, die er rief, nun nicht mehr bändigen kann. Diese Vorstellung hat einen wahren Kern. Sie charakterisiert aber die Lage der Naturwissenschaftler nur ungenügend, da die meisten von ihnen es gar nicht als ihre Aufgabe ansehen, die von ihnen entfesselten Kräfte selbst zu bändigen. Ihre Aufgabe, so meinen sie in ihrer ‚Bescheidenheit‘, war ja nur zu rufen, die Bändigung muß den Menschen in ihrer Gesamtheit gelingen und den von ihnen beauftragten Vertretern, den Politikern, überlassen bleiben. Im Gegensatz zur Wissenschaft, die sie betreiben, haben die meisten Wissenschaftler den Elfenbeinturm nicht verlassen und wollen ihn auch gar nicht verlassen. Obgleich sie mit ihrem Tun die Welt täglich verändern, sprechen sie in ihrer Mehrzahl immer noch von Erkenntnissuche, von faustischem Drang und von Befriedigung natürlicher Neugierde, sie bezeichnen ihr Tun als ‚Wissen'-schaft, was eigentlich schon lange zur ‚Machen'-schaft geworden ist. Wissen und Machen, Verstehen und Handeln sind für den Menschen selbstverständlich beide wichtig. Hierüber sollte kein Mißverständnis aufkommen. Es geht nicht darum, das eine vor dem anderen auszuzeichnen. Sie ergänzen und bedingen einander. Doch Machen und Handeln erfordern Verantwortlichkeit von dem, der manipuliert, der Wissen ins Werk setzt, denn unsere Kräfte sind zu groß geworden, als daß die Natur unsere Stöße und Tritte noch abfedern, als daß sie unsere Mißgriffe und Mißhandlungen uns noch verzeihen kann. Die Frage ist allerdings, ob und wie der Naturwissenschaftler diese Verantwortung wahrnehmen kann.

2. Verantwortung in außergewöhnlichen Situationen

Lassen Sie mich in diesem Zusammenhang eine Anekdote erzählen, die mich als jungen Physiker sehr beeindruckt und tief betroffen hat. Ich habe nach dem Kriege, Anfang der 50iger Jahre, als Atomphysiker an der berühmten Universität von Kalifornien in Berkeley studiert und bei Edward Teller, dem sogenannten ‚Vater der Wasserstoffbombe', auf dem Gebiet der theoretischen Kernphysik promoviert. In Berkeley waren zu jener Zeit viele Physiker, die während des Krieges direkt oder indirekt am sogenannten ‚Manhattan-Projekt' – dem Projekt zum Bau der ersten Atombomben, – beteiligt waren. Einer der Physiker erzählte mir damals von den aufregenden Vorbereitungen zur ersten Testexplosion einer Atombombe, einer Plutoniumbombe, im Juli 1945 in einer Wüste zwischen dem Rio Grande und den Bergen der Sierra Oscura nordwestlich von Alamogordo in New-Mexico. Man hatte dieser Atombombe frivolerweise den Namen ‚Trinity', ‚Dreifaltigkeit', gegeben, vielleicht, wie einige meinten, weil sie eine von drei der damals im Bau befindlichen Atombomben war – die anderen beiden wurden später dann auf Hiroshima und Nagasaki abgeworfen – oder, wie Richard Rhodes in seinem neuen Buch ‚The Making of the Bomb' schreibt, durch einen Einfall Robert Oppenheimers beim Lesen eines Gedichts religiösen Inhalts. Das Manhattan-Projekt war für die meisten Physiker damals – man muß es leider sagen: verständlicherweise – eine sie alle begeisternde, große wissenschaftlich-technische Herausforderung. Die spannende Frage war: Kann man durch geeignete Einbettung und Anordnung des spaltbaren Materials, des Urans-235 oder des Plutoniums, erreichen, daß die von Otto Hahn 1938 am Uran gefundene energiefreisetzende Spaltung eines einzelnen Atomkerns beim Beschuß von Neutronen, aufgrund der dabei freiwerdenden zwei bis drei weiterer Neutronen, weitere Atomkerne in der Umgebung spaltet und auf diese Weise eine lawinenartig ansteigenden Kettenreaktion in Gang setzt. Hierdurch sollten unvorstellbar hohe Energien freigesetzt werden, nämlich Energien, welche die bisher bekannten Energiefreisetzungen bei chemischen Prozessen, wie etwa bei der Verbrennung von Gas und Kohle, millionenfach übersteigen. Die Physiker und Techniker hatten bei dieser Waffenentwicklung kaum moralische Skrupel, da sie annehmen mußten, daß Physiker im feindlichen Deutschland Hitlers unter der kompetenten wissenschaftlichen Leitung von Werner Heisenberg an einem ähnlichen Projekt arbeiteten – eine Annahme, die, was sie aber zunächst nicht wußten, unbegründet war. Obgleich der Krieg mit Hitler-Deutschland zum Zeitpunkt des Bombentests schon beendet war, wurde der Aufbau des Bombenexperiments – nun vor allem mit Blick auf Japan – mit höchster Eile und größtem Eifer vorangetrieben. Alle waren außerordentlich aufgeregt, ob dieser grandiose Test, auf den sie jahrelang hingearbeitet hatten, wohl gelingen würde oder nicht, ob er – wie sie es damals scherzhaft-makaber ausdrückten – ein ‚Junge' oder ein ‚Mädchen' werden würde. Plötzlich aufkommendes schlechtes stürmisches Wetter verzögerte jedoch die vorgesehene Zündung der Atombombe um einige Stunden und stellte damit die Geduld der Physiker auf eine schwere

Probe. Doch dieser Umstand verschaffte den Physikern nach der langen hektischen Vorbereitungszeit zum ersten Mal eine kleine Atempause. Sie nützten sie – für einige vielleicht zum ersten Mal –, um etwas eingehender über die möglichen Folgen einer solchen gigantischen Explosion nachzudenken. Man tappte bei diesen Überlegungen ziemlich im Dunkeln, da man ja auf keine vergleichbare praktische Erfahrung – nämlich einer kurzzeitigen Entwicklung von Millionen Hitzegraden ähnlich wie im Zentrum der Sonne – zurückgreifen konnte. So wurde von einigen – insbesondere von Edward Teller und Enrico Fermi – die Frage aufgeworfen, ob sich bei dieser gewaltigen Explosion nicht durch einen physikalisch einsehbaren oder eventuell auch einen bisher unbekannten Mechanismus die Atmosphäre oder der Wüstensand entzünden könnten, wodurch vielleicht ganz New-Mexico oder gar die ganze Erde zerstört würde. Einige grobe Überschlagsrechnungen aufgrund bekannter Vorstellungen – man dachte dabei vor allem an eine Kernfusion des Wasserstoffes im Wasserdampf der Atmosphäre zu Helium, ähnlich wie im Inneren der Sonne – die die Physiker darüber in ihrer Wartezeit anstellten, erwiesen jedoch zu ihrer großen Beruhigung eine solche Gefahr als wenig wahrscheinlich. Aber keiner konnte selbstverständlich damals mit Gewißheit sagen oder beweisen, daß er bei diesen Überlegungen nichts Wesentliches übersehen oder gar irgendeinen neuartigen Effekt unberücksichtigt gelassen hatte. General Groves, der militärische Kommandeur des Manhattan-Bombenprojekts, war durch die Gedankenspiele seiner Physiker äußerst irritiert, da er befürchtete, daß sie die Soldaten, die das Testgebiet abschirmten und die nichts von dieser ganzen Physik verstanden, beunruhigen oder gar in Panik versetzen könnten. Er soll deshalb die Physiker ernsthaft ermahnt haben, an diesen Überlegungen nicht weiter zu spinnen, und er entschied am Ende mit heroischer Geste: „Gentlemen, I will take the responsibility!", „Meine Herren, ich übernehme die Verantwortung!". Bei diesem General Groves zugeschriebenen Ausspruch wird unmittelbar deutlich, wie leer der Verantwortungsbegriff unter solchen Umständen werden kann. Die Pose ‚Verantwortung zu übernehmen' erscheint in diesem Zusammenhang nurmehr als eine Art Mutprobe, als ein Akt, seine eigene Vernunft erfolgreich verdrängen zu können, eine Fähigkeit, in der wohl ein Militär besser geschult ist als ein reflektierender und damit auch ängstlicherer Wissenschaftler. Daß die Wissenschaftler jedoch damals ohne Ausnahme bereit waren, dieses Risiko einzugehen, zeugt von einer erschreckenden Unbekümmertheit und auch Arroganz, da sie ihr begrenztes Wissen für ausreichend hielten, diesen schwerwiegenden Schritt wagen zu können. An dieser kritischen Einschätzung ändert auch der Umstand nichts, daß ihre Sorglosigkeit und ihre subjektive Vorstellung, alles im Griff zu haben, damals nicht zu einer Katastrophe führte. Es steht uns nicht an, sie für diese Haltung allzu sehr zu kritisieren. Wahrscheinlich hätten viele von uns in einer ähnlichen Situation auch so gehandelt. Diese Haltung ist wohl vor allem charakteristisch für Experten jeglicher Art, die so auf ihre spezielle Arbeit fixiert sind, daß sie die Einbettung ihres Tuns in einen größeren Zusammenhang nicht mehr sehen und die Beziehung zu ethischen und moralischen Normen vergessen. Einer solchen Einstellung begegnen wir auch heute auf Schritt und Tritt bei anderen ähnlich gefährlichen naturwissenschaftlich-technischen Entwicklungen. Wir brauchen hier nur etwa an die Gentechnologie zu denken.

3. Über das Wissen eines Naturwissenschaftlers

Bevor ich mich dem eigentlichen Inhalt meines Vortrags, der Verantwortung des Naturwissenschaftlers, zuwende, lassen sie mich etwas über das Wissen eines Naturwissenschaftlers sagen, über die Struktur dieses Wissens und die Art und Weise, wie ein Naturwissenschaftler dieses Wissen erlangt und verwendet. Dies ist wichtig, um die Rolle des Naturwissenschaftlers in diesem Entwicklungsprozeß besser einordnen zu können. Ausgangspunkt naturwissenschaftlichen Erkennens und Wissens ist eine philosophische Fragestellung. Die Welt zu erkennen, ihren Sinn zu ergründen, die Rolle des Menschen, der in sie hineingeworfen wurde, rational zu begreifen, war schon immer ein Grundanliegen des Menschen seit der Zeit, als er sich seiner Selbst bewußt wurde, als er sein eigenes Ich aus der Welt herauszulösen und es ihr gegenüberzustellen begann. Alles, was wir erleben, ist in der Zeit. Unsere Wirklichkeit ereignet sich in der Zeit. Wir leben auf der Schwelle vom Zukünftigen zum Vergangenen – die Schwelle wird durch die Gegenwart charakterisiert, dem Augenblick unmittelbaren Erlebens und spontanen Handelns. Was zukünftig geschehen wird, d. h. was später einmal Gegenwart sein wird, so erfahren wir, ist nicht unabhängig davon, was im gegenwärtigen Augenblick geschieht – und was jetzt geschieht, ist nicht unabhängig vom vergangenen Geschehen, d. h. von dem, was frührer einmal Gegenwart war. Die Beziehung zwischen Früherem und Späterem, die Beziehung also, wie wir sagen, zwischen einer früheren Ursache und seiner späteren Wirkung, *die kausale Struktur des Naturgeschehens*, kommt zum Ausdruck in dem, was wir die *Naturgesetze* nennen. Sie bestimmen den zeitlichen Ablauf natürlichen Geschehens. Die Kenntnis dieser Naturgesetze erlaubt uns, auf der Grundlage der gegenwärtigen Situation, in gewissem Umfange Zukünftiges vorherzusagen und umgekehrt, auf Vergangenes zurückzuschließen. Die Naturgesetze treten nicht unmittelbar und offenkundig in den unseren Sinnen direkt zugänglichen Naturphänomenen in Erscheinung. Sie liegen tief in den hochkomplexen, vielfach verschränkten, ‚natürlichen‘ Geschehensabläufen verborgen. Naturwissenschaft zielt darauf ab, die Naturgesetze in diesem Dickicht von Erscheinungen auszumachen und sie aus diesem herauszulösen. Durch *passive* Beobachtung der Natur gelingt uns dies aber nur in sehr beschränktem Maße – ähnlich wie uns die äußere Betrachtung eines Wollknäuels nur unzureichend die Vorstellung verschafft, daß wir es hierbei mit einem einzigen langen Faden zu tun haben. Um tiefer in die Naturgesetzlichkeit einzudringen, benötigen wir die *aktive* Beobachtung. Wir müssen gewissermaßen daran gehen, das Wollknäuel in mühseliger Kleinarbeit aufzudröseln. Wir tun dies auf sehr intelligente und wirksame Weise durch Schaffung besonderer, meist recht ‚unnatürlicher' Ausgangssituationen, nämlich durch *Experimente,* in denen wir versuchen, die vielfältigen Bewegungsformen eines natürlichen Systems durch äußere Zwänge auf alle möglichen Arten und Weisen so stark einzuschränken, daß nur noch Änderungen in wenigen Richtungen möglich sind und damit eine einfachere Überprüfung möglich wird. Durch die experimentelle Forschung hat die Naturwissenschaft sich ein hocheffektives Werkzeug verschafft, um der Natur ihre innersten Geheimnisse zu entreißen. Wie auf einer Folterbank, so hat es Francis Bacon einmal formuliert, müßten die Naturwissenschaftler der Natur ihre Geheimnisse abpressen. So ist es nicht ganz zufällig, daß die experimentelle naturwissenschaftliche Forschung, daß Naturwissenschaft schon in ihrer auf Erkenntnis orientierten Form – und nicht erst durch ihre praktische Anwendung – eine Assoziation zum Gewalttätigen hat und zu einem potenten Werkzeug der Macht geworden ist. Durch die genaue Kenntnis der Naturgesetze eröffnet naturwissenschaftliches Wissen prinzipiell die Möglichkeit zukünftiger Einflußnahme. Mit Hilfe der Naturgesetze können wir bestimmte, von uns in der Zukunft erwünschte Wirkungen erzielen, wenn es uns gelingt, die dafür nötigen Voraussetzungen und Bedingungen gegenwärtig zu arrangieren. Mit unserem jetzigen Tun können wir also zukünftiges Geschehen manipulieren – eine Binsenwahrheit, tausendfach eingeübt und Grundlage jeglichen zielgerichteten Handelns. Doch die Voraussage zukünftigen Geschehens und damit auch unsere Einflußnahme auf dieses gelingt unserer Erfahrung nach nicht mit aller Schärfe. Die moderne Forschung hat uns zu unserer großen Überraschung gelehrt, daß dies nicht nur an unserer Ungeschicklichkeit und unserem mangelhaften Verständnis liegt, sondern daß den Naturgesetzen selbst eine prinzipielle Unbestimmtheit eingeprägt ist. Es zeigt sich, daß es Kausalität nicht mehr in einem deterministischen, sondern nur noch in einem statistischen Sinne gibt. Die Zukunft ist prinzipiell ‚offen'. Es gibt für Zukünftiges im gegebenen Falle prinzipiell nicht nur *eine*, sondern immer sehr viele verschiedene Möglichkeiten, unter denen dann eine bestimmte ‚zufällig' ausgewählt wird. Die Naturgesetze legen also die zukünftige Entwicklung nicht eindeutig fest. Eine bestimmte Ursache *jetzt* führt nicht zu einer bestimmten Wirkung *später*, sondern mit gewissen Wahrscheinlichkeiten zu verschiedenen Wirkungen. Die Natur ist kein mechanisches Räderwerk, das, einmal angestoßen, sich auf festgelegte Weise abspult. Dieser überraschende Sachverhalt ist eine wichtige Voraussetzung, wenngleich noch keine ausreichende Begründung, warum menschliches Tun nicht von vorneherein durch die Ereignisse der Vergangenheit fest vorherbestimmt ist, daß wir in unserem Handeln in gewissem Umfange frei sind. Er eröffnet die prinzipielle Möglichkeit für unsere Eigenverantwortlichkeit. Wir könnten sagen: Die Schöpfung ist nicht abgeschlossen, sie ereignet sich in jedem Augenblick neu, und wir als Menschen sind mit unserer Entscheidungsfreiheit an diesem stetigen Schöpfungsprozeß beteiligt. Wichtiger als die Aufweichung des naturgesetzlichen Kausalverhaltens ist für die praktiche Anwendung allerdings eine Aufweichung der Ursache-Wirkung-Verknüpfung durch unser prinzipielles Unvermögen, eine bestimmte Ausgangssituation, aus der sich das gewollte zukünftige Geschehen entwickeln soll, wirklich genau einzustellen. Diese Ungenauigkeit der Einstellung ist unkritisch für Systeme, bei denen geringfügig veränderte Ausgangssituationen auch nur zu wenig veränderten Zielsituationen führen, also für Systeme, die sich bei Abweichungen ‚stabil', ‚robust' oder ‚fehlerfreundlich' verhalten. Aerodynamisch ist z. B. ein Flugzeug solch ein robustes System, da seine Flugfähigkeit nicht von kleinen Luftdruck- oder Windstärkeschwankungen abhängt, sondern diese nur kleine Kursänderungen bewirken, die der Pilot leicht ausgleichen kann. Anders ist die Situation bei Systemen, bei denen kleine Änderungen der Ausgangssituation zu dramatisch veränderten Endsituationen führen. Solche ‚instabilen', oder – positiv ausgedrückt – ‚sensiblen' Systeme spielen in der Naturwissenschaft und Technik eine wichtige Rolle, da sie als Meßinstrumente, aber auch – und dies ist für uns besonders wichtig – als Verstärker hervorragend geeignet sind. Sie zu ‚fliegen‘ würde höchste Geschicklichkeit verlangen, da kleinste Fehler sie zum Absturz bringen. ‚Vernetzte‘ oder ‚verfilzte‘ Systeme neigen – wegen möglicher Rückkopplungsmechanismen – zu solchen Instabilitäten. ‚Faserige‘ Systeme, bei denen die verschiedenen Teile im wesentlichen unabhängig voneinander funktionieren, sind dagegen im allgemeinen robust. Solche robusten unsensiblen Systeme haben unsere Vorstellung von einer im Prinzip verläßlich funktionierenden Technik geprägt. Praktisch ist dies jedoch nur für recht einfache Systeme erfüllt. Die vom Menschen entwickelten komplizierteren technischen Systeme und Strukturen sind meist Ergebnis einer ‚Maximierung‘, da man versucht, gewisse gewünschte Eigenschaften mit höchster Effizienz, mit größter Verstärkung zu realisieren. In dieser hochverstärkenden Dynamik sehen wir für uns einen besonderen Nutzen, da sie uns erlaubt, mit kleinen Verrichtungen große Wirkungen zu erzielen. Sie vermittelt uns auch ein Gefühl von Wichtigkeit und Macht. Eine Maximierung bestimmter Eigenschaften geht aber immer auf Kosten anderer Eigenschaften, sie führt zu Spezialisierung und verstärkt die Tendenz zu einer eskalierenden Eigendynamik. Die von der Natur entwickelten Systeme sind vergleichsweise weniger einseitig orientiert. Durch eine enorme Vielzahl verschiedenartiger, komplex ineinandergreifender Regelkreise wird hier eine Optimierung durch eine Maximierung der Zahl möglicher Optionen erreicht, wodurch diese Systeme größere Robustheit und Flexibilität erhalten, Eigenschaften, die ihnen das Überleben unter den wechselnden Bedingungen einer jahrmilliarden langen Evolution ermöglicht haben.

4. Voraussetzungen der Verantwortung des Forschers

Lassen Sie mich nach diesen Vorbemerkungen nun zu meinem eigentlichen Thema, der Verantwortung des Naturwissenschaftlers und Forschers zurückkommen. Verantwortung bedeutet, wie schon erwähnt, persönliche Bürgschaft für ursächliches Handeln, wobei gelegentliches Nicht-Handeln als mögliche verantwortliche Haltung selbstverständlich mit inbegriffen ist.

Eine *Bejahung einer Verantwortung* des Forschers für sein Tun scheint also dreierlei zu verlangen:

1. Der Forscher muß wirklich in der Lage sein, die Folgen seines Tuns vorauszusehen. Denn *ursächliches Handeln* bedeutet doch, daß bestimmte Wirkungen in der Zukunft sich von dem Forscher genau antizipieren lassen, oder umgekehrt, wenn die Wirkungen einmal eingetreten sind, sich diese auf seine vorherigen Handlungen schlüssig zurückführen lassen müssen.
2. Es muß allgemein verbindliche Wertmaßstäbe geben, mit Hilfe derer der Forscher seine Handlungen als mehr oder weniger *vernünftig oder unvernünftig, nützlich oder schädlich, gut oder böse* einstufen kann.
3. Der Wissenschaftler muß wirklich selbst – und nicht irgendjemand anderer an seiner Stelle – für die negativen Folgen in einer für ihn relevanten Weise zur Rechenschaft gezogen werden können.

Es ist offensichtlich, daß alle diese Voraussetzungen nur in den allerseltensten Fällen ausreichend erfüllt sein werden. Es ist deshalb nicht verwunderlich, daß viele – und darunter vor allem die Naturwissenschaftler selbst – kategorisch verneinen, daß es eine besondere Verantwortung des Naturwissenschaftlers gibt, die über das an Verantwortung hinausgeht, was von jedem anderen Menschen auch verlangt werden soll.

5. Ist Wissenschaft wertfrei?

Hierbei wird insbesondere der zweite Punkt, der sich auf die Wertung von wissenschaftlicher Erfahrung bezieht, als unzutreffend bezeichnet. Die Wissenschaftler werden nicht müde, immer wieder darauf hinzuweisen, daß Wissenschaft letztlich *wertfrei* sei, und daß ihre Ergebnisse, wie jegliches Wissen, erst durch die praktische Handhabung und die gesellschaftliche Umsetzung eine Bewertung erfahren, denn erst durch diese Umsetzung werde ihr Schaden oder Nutzen für den Menschen evident. Wissenschaft, so wird deshalb gefolgert, müsse deshalb ganz allgemein und bedingungslos gefördert werden, denn Mehrwissen bedeutet immer auch mehr Einsicht, mehr Verständnis, bessere Orientierung, höhere Erkenntnis. Eine Wertung erfolgt hierbei nur unter dem Kriterium ‚richtig oder falsch‘ im Sinne einer Stimmigkeit oder Selbstkonsistenz. Und diese Wertung gilt uneingeschränkt, sie ist wesentlicher Bestandteil jeglicher Wissenschaft. Eine Bewertung in bezug auf die Bedeutung für den Menschen, die menschliche Gesellschaft, die Biosphäre, unsere Mitwelt, die Schöpfung insgesamt, stellt sich also nur, so meinen sie, bei der Anwendung dieses Wissens, das heißt bei der absichtsvollen Auswahl und Präparation spezieller Anfangs- und Randbedingungen, die geeignet sein sollen, die von den Wissenschaftlern aufgedeckte Naturgesetzlichkeit zu ganz bestimmten, von uns angestrebten Folgen zu zwingen. Schaden für die Menschen und Zerstörung können dadurch entstehen, daß dies, wie bei den Waffen, das direkt von den Anwendern angestrebte Ziel ist, oder aber, wie etwa bei den Umweltschäden, daß diese als nicht bedachte Nebenfolgen auftreten. Die Anwendung wissenschaftlicher Kenntnisse und die Bewertung, die sie als gut und vernünftig ausweist, erscheint bei dieser Sichtweise nicht als Aufgabe der wissensvermittelnden und wissenschaftsfördernden Institutionen, wie etwa der Universitäten und Forschungsinstitute, sondern diese Bewertung sollte durch die Betroffenen und Nutznießer, durch die ganze Gesellschaft und ihre Politiker als die durch sie legitimierten Repräsentanten erfolgen. So überzeugend diese Argumentation erscheint, so halte ich sie trotzdem für falsch. *Denn es gibt kein Wissen ohne Wertung.* Eine Wertung des Wissens geschieht auf doppelte Weise, nämlich in einem grundsätzlichen und einem mehr praktischen Sinne. Lassen Sie mich zunächst etwas zur grundsätzlichen Wertung sagen.

Es gibt wohl so etwas wie eine wertfreie Wissenschaft, aber diese ist ein Begriffsgebäude, das zunächst nichts mit der eigentlichen Wirklichkeit, von der Wissenschaft angeblich handelt, zu tun hat. Jede die eigentliche Wirklichkeit interpretierende Wissenschaft muß letztlich, um relevant zu sein, aus ihrem logisch strukturierten und – bei den Naturwissenschaften – mathematisch präzisierten Begriffsgebäude heraus und die Brücke zur eigentlichen Wirklichkeit, was immer wir auch darunter verstehen wollen, schlagen, und dies kann nicht ohne eine *wissenschaftlich nicht mehr beweisbare*, da aus dem Gebäude herausführende, Wertung erfolgen. Diese Feststellung hat nicht nur akademische Bedeutung. Die moderne Naturwissenschaft hat uns gelehrt, daß es eine objektivierbare Wirklichkeit, eine aus unzerstörbaren Einheiten bestehende dingliche Realität eigentlich gar nicht gibt. Was wir als Wirklichkeit erfahren, hängt wesentlich von der Methode ab, mit der wir die Wirklichkeit ausforschen und traktieren. Dasselbe Naturphänomen offenbart sich uns je nach unserem Meßverfahren auf gänzlich verschiedene und sogar miteinander widersprüchliche Weise, ein Elektron etwa einmal als Teilchen und einmal als Welle. Die von der Naturwissenschaft als Wirklichkeit beschriebene Wirklichkeit unterscheidet sich von der eigentlichen Wirklichkeit sowohl quantitativ als auch qualitativ, also etwa wie eine Handzeichnung oder bestenfalls eine Photographie von ihrem Original. Die naturwissenschaftliche Wirklichkeit trägt immer den Stempel unseres Denkens, sie ist geprägt durch die Art und Weise, wie Teile durch unser Denken aus dem Gesamtzusammenhang herausgebrochen wurden. Jedes Wissen, das wir begrifflich erfassen, bedeutet deshalb Wertung. Die Wirklichkeit, die wir durch unser begriffliches Denken und insbesondere durch Naturwissenschaft erfassen können, ist nicht die ganze Wirklichkeit, die wir prinzipiell erfahren können. So stehen evidenterweise künstlerische und religiöse Erfahrungen außerhalb dieser Begrifflichkeit. *Wirklichkeit ist weit mehr als (dingliche) Realität.* Wenn wir uns die Frage stellen, ob Wissen ohne Wertung möglich ist, so denken wir gewöhnlich jedoch nicht an diesen grundsätzlichen Zusammenhang zwischen Wissen und Wertung, sondern betrachten diese Frage im Rahmen einer streng objektivierbaren, also prinzipiell prognostizierbaren Welt. Die Wertung von Wissen stellt sich hier in einem praktischen Sinn. Sie hängt wesentlich davon ab, inwieweit Wissen zum Ausgangspunkt von Handlungen wird, die Wissenschaft sich als ,Machen'schaft, als angewandte Wissenschaft, versteht. Die Unterscheidung zwischen angewandter Wissenschaft und Grundlagen-Wissenschaft hat eine gewisse Berechtigung durch die bei der Erforschung verwendete Methode, aber im Hinblick auf die Bewertungsfragen und der mit diesen zusammenhängenden Fragen nach einer besonderen Verantwortung der Wissenschaftler für ihr Tun, ist diese Unterscheidung zu ungenau. Bei der Wertungsfrage kommt es weniger auf die Methode als auf die Motive an. Wissenschaft hat im wesentlichen zwei unterschiedliche Motive: Sie möchte etwas erkennen und wissen – die eigentliche Wissenschaft – aber sie möchte auch etwas machen, sie möchte manipulieren und verändern – was wir, ohne den umgangsprachlich negativen Unterton, als Machenschaft bezeichnet haben. Traditionell versteht sich Wissenschaft im Sinne des ersten Motivs als ein Teil der Philosophie, der es primär um Erkenntnis und Wahrheit geht. Diese Betrachtungsweise bestimmt auch heute noch weitgehend das Selbstverständnis eines Wissenschaftlers an der Universität und den Forschungsinstituten. Die tatsächliche Situation scheint dies jedoch kaum mehr zu rechtfertigen – wenigstens in der Naturwissenschaft. Die eigentliche Beschäftigung der Naturwissenschaft hat vielmehr direkt oder indirekt mit dem zweiten Motiv, nämlich mit den praktischen Anwendungen dieser Wissenschaft zu tun, wie sie insbesondere in der Technik zum Tragen kommt. Hier ist Wissen nicht mehr primär ein Promotor von Erkenntnis, von Einsicht und Weisheit, sondern Wissen wird hier zum know-how, zu einem Zweckwissen, Wissen wird hier zu einem hochpotenten Mittel der Macht, einer ungeheuer ambivalenten Macht, deren vernünftige Handhabung unbedingt eine geeignete Bewertung erfordert. Die besondere Hervorhebung der absichtsvoll handelnden Wissenschaft in diesem Zusammenhang soll nicht bedeuten, daß die auf reine Erkenntnis ausgerichtete Wissenschaft auf eine Bewertung verzichten kann. Dies ist nicht der Fall, denn die Grenzen zwischen erkenntnisorientierter und anwendungsorientierter Wissenschaft sind äußerst verschwommen. Die erkenntnisorientierte Wissenschaft ist ja heute kaum mehr eine passiv betrachtende Wissenschaft, sondern – wie schon erwähnt – eine experimentelle Wissenschaft, die unter höchstem technischem Aufwand der Natur ihre tiefsten Geheimnisse abzupressen versucht. Die anwendungsorientierte Forschung andererseits verlangt in hohem Maße eine gründliche und detaillierte Untersuchung von bestimmten Teilphänomenen, die in der üblichen Betrachtung zur Grundlagenforschung gerechnet wird und als solche sich methodisch kaum von der erkenntnisorientierten Forschung unterscheidet. Mit einer Aufgliederung der Wissenschaft in eine erkenntnisorientierte und eine anwendungsorientierte Richtung soll hierbei unterschwellig keine Bewertung vorgenommen werden, etwa in dem Sinne, daß erkenntnisorientierte Forschung gut und anwendungsorientierte Forschung schlecht und deshalb nur die erstere betrieben werden sollte, oder auch im umgekehrten Sinne, daß etwa erkenntnisorientierte Forschung als ‚l'art pour l'art‘ von der Universität und den Forschungsinstituten verbannt und nur noch gesellschafts-relevante angewandte Forschung betrieben werden sollte. Die beiden Zweige der Wissenschaften entsprechen nur zwei andersartigen Anliegen unserer menschlichen Gesellschaft. Die erkenntnisorientierte Wissenschaft hat philosophisch-kulturelle Bedeutung, ähnlich wie die Religion oder die Künste. Sie ist für das Zusammenleben der Menschen und die gesellschaftlichen Strukturen unentbehrlich. Die anwendungsorientierte Wissenschaft hat dagegen zum Ziel, die äußeren Lebensbedingungen des Menschen zu ‚verbessern‘ oder wenigstens nicht schlechter werden zu lassen. Daß zwischen erkenntnisorientierter Wissenschaft und anwendungsorientierter Wissenschaft ein kontinuierlicher Übergang besteht, bedeutet nun andererseits nicht, daß zwischen diesen beiden Motiven kein klarer Unterschied besteht. Auch Tag und Nacht unterscheiden sich prinzipiell, obgleich es auch hier schwierig ist, genau anzugeben, wann der Tag aufhört und die Nacht beginnt. Wir behelfen uns in einem solchen Falle, daß wir irgendwann in der Dämmerung eine Grenzlinie ziehen. Die genaue Lage der Grenzlinie ist dabei unwichtig. Auf ähnliche Weise wird es deshalb auch sinnvoll sein, zwischen der erkenntnisorientierten und anwendungsorientierten Wissenschaft eine Unterscheidung zu machen. Die Notwendigkeit einer Wertung von Wissenschaft wird wichtiger, je mehr sie sich vom Wissen zum Machen verlagert. Lassen Sie mich dazu ein konkretes Beispiel geben: Um etwa eine Atombombe künftig verhindern zu wollen, wäre es nicht nötig, einem Otto Hahn seine erkenntnisorientierte Forschung zu verbieten. Es war ja nicht so, daß ein nach Transuranen suchender Otto Hahn als zufälliges Abfallprodukt seiner Forschung plötzlich eine Atombombe in seinen Händen hielt. Die Atombombe leitet sich in der Tat von der Hahn'schen Entdeckung der Atomkernspaltung ab, aber die Entwicklung der Bombe benötigte eine gigantische Spezialforschung, die genau mit dem Ziel durchgeführt wurde, eben diese Massenvernichtungswaffe herzustellen. Ihr Bau wurde von der menschlichen Gesellschaft, genauer gesagt: einer von ihr, wie sie wenigstens glaubten, dazu legitimierten Gruppe von Politikern, beschlossen. Die Entwicklung der Atombombe war dabei grundverschieden von der Entwicklung eines Atomreaktors. Im Falle der Atomphysik erscheint also ziemlich klar erkennbar, wo eine Grenzlinie zwischen erkenntnisorientiertem und zweckorientiertem Forschen mit nützlichen oder schädlichen Auswirkungen gezogen werden könnte. An dieser Grenzlinie muß Verantwortung einsetzen. Eine solche klare Abgrenzung ist selbstverständlich nicht in allen Bereichen der Physik möglich. Ich denke hierbei etwa an die Elektronik, wo nützliche und schädliche Anwendungen sehr eng beieinander liegen. Noch fragwürdiger wird diese Unterscheidung, wie mir scheint, auf dem Gebiet der Biologie und insbesondere der Molekularbiologie. Ein einzelner Forscher könnte dort wohl unabsichtlich in seinem Laboratorium ein Virus fabrizieren, das – ähnlich dem AIDS-Virus – verheerende Konsequenzen für die Menschheit haben könnte. Dies könnte vielleicht zu der Forderung führen, daß doch gewisse Forschungen von Anfang an verboten werden müssen. In dem Maße jedenfalls, wie Forschung heute Großforschung, Technik Großtechnik wird, oder Wissenschaft mit den natürlichen Steuerungs- und Verstärkungsmechanismen manipuliert, darf Wissen nicht mehr wahllos angehäuft und hemmungslos umgesetzt, sondern muß nach allgemeinen ethischen Grundsätzen bewertet und behutsam verwendet werden. Aufgrund der enormen Verstärkungsfaktoren können wir künftig nicht mehr nach dem alten Muster verfahren, unbedacht in neue Wissensgebiete vorzudringen, ungehemmt die zugehörige Technik zu entwickeln und dann unser Leben recht und schlecht an die durch sie veränderten Gegebenheiten anzupassen.

6. Wie gut läßt sich Zukünftiges prognostizieren?

Aber hier kommen wir auf den ersten Punkt der Voraussetzungen für ein verantwortliches Handeln eines Naturwissenschaftlers zurück, inwieweit er nämlich in der Lage ist, zukünftige Folgen seines Tuns erfolgreich prognostizieren zu können. Eine Prognose zukünftiger Folgen scheint besonders schwierig in der Grundlagenforschung, bei der Neuland betreten wird. Doch auch für die angewandte Forschung ist eine solche Prognose sehr kompliziert und nur im beschränkten Maße möglich. Jedenfalls wird eine genaue Prognose auch unter günstigsten Umständen – schon wegen der naturgesetzlich bedingten prinzipiellen Grenzen – nie möglich sein. Daraus soll man jedoch nicht ableiten, wie dies oft geschieht, daß der Forscher für sein Tun keine Verantwortung übernehmen kann und deshalb auch keine Verantwortung trägt. Denn um Verantwortung zu übernehmen, ist keine *genaue* Prognose nötig. Wichtig vor allem ist, daß der Forscher versucht, die ‚Topologie' seines Forschungsgeländes auszuspähen, bevor er sich auf den Weg begibt. Um im Bilde zu bleiben: Auf einem Wiesenpfad in einem breiten, verschlungenen Gebirgstals zu gehen, birgt selbst bei relativer Unübersichtlichkeit des Geländes kaum Gefahren, im Gegensatz etwa zu einer Wanderung auf einem schmalen, steinigen Gebirgsgrat im Nebel oder bei Überquerung eines Lawinenhangs. Selbst eine solche gefährliche Gratwanderung könnte der Forscher oder Techniker wagen, wenn die mögliche Folge nur sein eigener Absturz wäre, aber nicht wenn dabei eine ganze Seilschaft – nämlich ganze Völker, zukünftige Generationen oder sogar die Menschheit als Gattung – mit in den Abgrund gerissen würde. Hier darf ein verantwortungsbewußter Forscher einfach nicht weitergehen, auch wenn für die Menschheit auf diesem gefährlichen Pfad einige ‚segensreiche Fortschritte' winken und er mit größter Bedachtsamkeit versucht, das Absturzrisiko zu verringern. Er muß sich bei seiner Entscheidung dabei an der ungünstigsten Prognose orientieren.

7. Topologie des Wissens

Die Topologie, die Gestalt eines Gebiets jedoch wahrzunehmen verlangt, daß man dieses Gebiet nicht nur als kurzsichtiger Spezialist abgetastet, sondern es gewissermaßen auch aus Distanz in seiner Ganzheit betrachtet hat. Diese Voraussetzung ist heute kaum mehr gegeben. Unser Wissen ist heute in viele Einzeldisziplinen zerstückelt, die jeweils nur noch ein Fachmann übersehen und ‚verstehen' kann, wobei ‚verstehen' meist nicht sehr viel mehr bedeutet, als daß dieser Fachmann mit seinem Gebiet mehr oder weniger vertraut ist, daß er sich darin, wie etwa in seiner Wohnung, bewegen und zurechtfinden kann. Wir geben dieses Wissen dann auch in vielen Einzelportionen, schön sauber nach Fächern gegliedert, in der Schule an die nächste Generation weiter. Immer weniger finden wir uns in der Lage, die Natur direkt zu beobachten, sondern wir erfahren etwas über sie in abstrakter und theoretischer Form durch Bücher, durch Vorträge, durch Anschauungsmittel. In unserem Alltag hantieren wir vielfach mit komplizierten Geräten, die wie überlange Stöcke sich zwischen uns und die Natur schieben und bewirken, daß uns der unmittelbare, tastende Kontakt, das ‚Fingerspitzengefühl' für die Erfassung der Wirklichkeit im ganzen, immer mehr verlorengeht. Wohl können wir durch Konzentration und geduldiges Stochern auch in dieser distanzierten Situation eine gewisse neuartige Sensibilität entwickeln und die ursprüngliche Entfremdung überwinden. Aber diese Lern- und Anpassungsprozesse benötigen Zeit, und wir können sie aufgrund unserer begrenzten Lernfähigkeit nur bewältigen, wenn wir unser Erfahrungsfeld drastisch einschränken. Das Wissen in seiner Gesamtheit, wie es durch die Wissenschaften vermittelt wird, ist deshalb für den einzelnen in diesem Sinne nicht mehr erfaßbar und überschaubar. Wir fühlen uns trotz großer Anstrengung von den ständig wachsenden Anforderungen an unsere Auffassungsfähigkeit überfordert. Wir helfen uns in dieser Notlage, daß wir aufgeben, alles geistig durchdringen und verstehen zu wollen und bauen ‚schwarze Kästen' ein, die wir – ähnlich wie Autos, Fernseher, Waschmaschinen – einfach durch Knopfdruck und Hebel bedienen, ohne ihre Wirkungsweise eigentlich zu verstehen. In dieser uns überfordernden Situation laufen wir Gefahr, daß uns die Wirklichkeit auf die Existenz und Wirkung der vielen Werkzeuge und technischen Hilfsmittel reduziert erscheint, mit denen wir uns so reichlich umgeben haben. Unsere hochdifferenzierte und harmonisch natürliche Mitwelt erschließt sich für uns nur noch durch die Vermittlung einer von uns selbst geschaffenen, einfältigen, mechanistisch strukturierten und funktionierenden Teilwelt. Diese primitive Teilwelt verstellt uns den Blick auf die weit vielfältigere und differenziertere eigentliche Wirklichkeit und isoliert uns von ihr. Es stellt sich deshalb für uns die Frage, ob es andere und insbesondere zur Erfassung der ganzheitlichen Struktur der Wirklichkeit effektivere Arten der Welterfahrung gibt als die, mit unzählig vielen, überlangen spitzen Stöcken in ihr herumzustochern, wie es die Wissenschaft versucht. Noch prinzipieller stellt sich die Frage, ob eigentlich das Ganze, als welches *ich* als Erlebender und Erkennender – mich als erkennendes Ich eingeschlossen – die Welt begreife, ob eigentlich das Ganze sich überhaupt als Summe von Teilen verstehen läßt, d. h. ob eine analytische, zerlegende Betrachtungsweise, wie sie von der Wissenschaft praktiziert wird, überhaupt ein geeignetes Mittel des Weltverständnisses ist.

7.1. Wie kommen wir zu einer Gesamtbetrachtung?

Wie soll es uns heute gelingen, aus der Einzelbetrachtung von vielen verschiedenen Disziplinen wieder zu einer Gesamtbetrachtung zu kommen, welche die Voraussetzung darstellt, Verantwortung überhaupt wahrnehmen und übernehmen zu können. Mit einer gewissen Wehmut blicken wir auf die Vergangenheit zurück, in der, wie es erscheint, das von Menschen angehäufte Wissen noch nicht diese unermeßliche Fülle erreicht hatte, um jeden Versuch, auch nur das Wesentliche davon zu erfassen, von vorneherein zum Scheitern zu verurteilen. Klarerweise gelang eine solche ‚Gesamtsicht‘ damals auch nur ganz außergewöhnlichen Begabungen. Was früher noch möglich war, nämlich sich wenigstens noch einen groben Überblick über die wichtigstens Wissensinhalte anzueignen, dies ist heute auch für den gescheitesten Kopf bei der heutigen Faktenfülle gänzlich unerreichbar geworden. Bleibt uns also, so fragen wir uns, in dieser Zwangslage, in der sich unsere begrenzte Auffassungsgabe mit einem rasant steigendem Angebot an möglichem Wissen konfrontiert sieht, für uns dann nur die bittere Wahl, uns mit einem immer spezieller werdenden Fachwissen begnügen zu müssen, was uns Menschen immer weiter von unseren Mitmenschen trennt, uns als Individuum isoliert und uns letztlich zu einer umfassenden Sprachlosigkeit verdammt. Verschiedenartiges Wissen in einem einzigen Kopf unterzubringen, ist nicht nur ein Problem der Fülle, sondern vor allem auch eine Frage, ob und auf welche Weise es uns gelingt, Andersartiges und Fremdartiges harmonisch miteinander zu verknüpfen und konstruktiv in Beziehung zu setzen. Denn es geht ja nicht darum, verschiedenartige Teile einfach nebeneinander aufzureihen, sondern letztlich diese harmonisch zu einem höher geordneten Ganzen zusammenzuführen. So erlaubt die Verschiedenartigkeit der Buchstaben uns nicht nur, ein Alphabet hinzuschreiben, sondern mit diesen Buchstaben lassen sich Worte bilden, mit denen wir eine Fülle von Gedanken einfangen können, was uns mit Einzelbuchstaben nicht gelingt. Und wir können in diesem Strukturbildungsprozeß weiter fortfahren: Aus Worten können wir Sätze und aus Sätzen lange Abhandlungen und ganze Bücher aufbauen. *Das Ganze ist mehr als die Summe seiner Teile.* Wie könnte Literatur erzeugt werden, wenn 26 Spezialisten in einen Raum zusammengesperrt werden würden, von denen jeder nur den Gebrauch eines einzigen Buchstabens beherrscht? Und wie erst könnte dies gelingen, wenn wir sogar die A-Spezialisten, B-Spezialisten usw. noch auf 26 verschiedene Räume eines Gebäudes, das wir dann Universität nennen, verteilen und wir sie im wesentlichen nur jeweils mit sich selber reden lassen würden?

7.2. Notwendigkeit einer T-Intelligenz

Was die Möglichkeit einer strengen Erklärung des Weltgeschehens anbelangt, sind wir heute sehr skeptisch geworden. Heißt doch ,erklären', alles auf einen Ursprung zurückzuführen, der uns unmittelbar einleuchtet, der klar und deutlich sich unserem Verständnis erschließt. Wir zweifeln heute daran, daß unser reduktionistisches und notwendigerweise fragmentierendes Denken es uns prinzipiell erlaubt, die Wirklichkeit in ihrer ganzen Vielfalt und Differenzierung streng zu erfassen. Die schwierigen und drängenden Probleme unserer Zeit werden sich nicht lösen lassen, wenn es uns nicht gelingt, unser vielfältiges Spezialwissen geeignet zu einem größeren Ganzen zu vernetzen und zu vereinen. Das Ziel unserer Erziehung muß sein, eine T-Intelligenz heranzubilden, eine Intelligenz, die man durch den Großbuchstaben ‚T' charakterisieren kann. Der vertikale Balken des ‚T' soll hierbei Tiefe und Professionalität auf einem bestimmten Fachgebiet symbolisieren. Denn ohne Kenntnis von Details können wir die Komplexität eines Geschehens nicht ausreichend ermessen. Dieses Detailwissen muß jedoch mit einer globalen Betrachtungsweise verbunden, muß in einen größeren Zusammenhang eingebettet sein, wie dies durch den Horizontalbalken des ‚T' zum Ausdruck kommt. *Ganzheitliche Schau* und *konkretes detailliertes Handeln* bezeichnen in gewisser Weise entgegengesetzte Erfahrungshaltungen, die sich wechselseitig ergänzen. Wir müssen lernen, *beide* in unser Leben einzubinden. Ähnlich wie ein Maler beim Malen eines Bildes die wesentliche Gestalt seines Bildes vor Augen haben muß, bevor er mit feinem Pinsel an die Ausführung seines Kunstwerkes geht und dann im vielfachem Hin und Her, von ganzheitlicher Betrachtung aus größerer Entfernung und mühseliger und handwerklicher Detailarbeit direkt vor der Leinwand, sein Werk Schritt um Schritt vollendet, so müssen auch wir bei unserem Tun gewissermaßen auf beiden Beinen gehend – dem von einer ganzheitlichen Betrachtung inspirierten globalen Denken einerseits und dem lokalen Handeln andererseits –, von einem Bein auf das andere wechselnd, weiterschreiten. Um die brennenden Probleme unserer Zeit erkennen und erfolgreich angehen zu können, ist eine Einbettung unserers Spezialwissens in einen größeren Zusammenhang unumgänglich, denn nur dann entwickeln wir ein Gefühl für die Topologie des Geländes, ein allgemein umfassendes Weltverständnis, das uns ausreichend Orientierung erlaubt. Um dies zu erreichen, müssen wir als Wissenschaftler wieder lernen, interdisziplinär zusammenzuarbeiten, da wir als einzelne nicht genügend Wissen einbringen können. Interdisziplinäre Zusammenarbeit ist äußerst schwierig – und hier meine ich nicht nur die wissenschaftliche Kooperation zwischen verschiedenen naturwissenschaftlichen Fachrichtungen, sondern vor allem auch die zwischen den naturwissenschaftlichen und geisteswissenschaftlichen Disziplinen, sowie – und dies ist mir besonders wichtig – mit Disziplinen, die nicht im strengen Sinne wissenschaftlich sind, sondern Erfahrungen über die Wirklichkeit aus Quellen schöpfen, die uns unmittelbar erreichbar sind, weil wir ja selbst Teil dieser Wirklichkeit und weil wir selbst am Schöpfungsprozeß beteiligt sind. Eine solche Zusammenarbeit ist äußerst schwierig, da sie in gewissem Umfange verlangt, die Erfahrung des anderen nachzuvollziehen. Sie verlangt, daß wir dem anderen vertrauen müssen, da unser eigenes Wissen zu einer Kontrolle seiner Argumente nicht ausreicht. Wir müssen imstande sein, auch der Intuition des anderen ein Stück weit zu folgen. Wissenschaftliche Begründungen werden nicht genügen. Wir müssen vielmehr auf Lebenserfahrungen zurückgreifen, die über das eigentlich Wissenschaftliche hinausgehen.

7.3. Bergsteiger statt Wegekundige

Als Forscher haben wir uns mit der Wirklichkeit nicht nur in dem Sinne vertraut gemacht, daß wir gelernt haben, bestimmte Beziehungen als richtig zu erkennen, sondern – was eigenlich für unsere Erfahrung viel wichtiger ist – sie deutlich von falschen oder fehlerhaften Verknüpfungen unterscheiden zu können. Wir sind gewissermaßen nicht nur Wegekundige, sondern eigentlich erfahrene Bergsteiger. Als Wegekundiger kann ich mich in einem ganz bestimmmten Terrain zurechtfinden, nämlich eben dort, wo ich die Wege genau kenne. Wenn ich jedoch in unbekanntes Gebiet vordringen will, brauche ich die Erfahrung eines geübten Bergsteigers. Ich muß eine umfassendere Geländeerfahrung als ein Wegekundiger haben. Ich muß wissen, wie ich mir Kenntnis von der Topologie eines Geländes verschaffe, um den günstigsten Weg zu finden und Gefahren zu vermeiden. Ich muß z. B. wissen, welche Hinweise auf einen steilen Absturz, welche auf einen breiten Bergrücken deuten, wo ich gezwungen bin, auf einem gefährlichen Grat zu balancieren und wo ich einen bequemen Wiesenweg entlanggehen kann. Interdisziplinäre Kontakte verlangen, sollen sie fruchtbar sein, daß ich einer Gruppe nicht nur mein Wissen als Experte zugänglich mache, sondern daß ich sie auch an meiner weitreichenden Erfahrung als ‚Bergsteiger' beteilige. Nur so kann man hoffen, daß die Erfahrungen der verschiedenen wissenschaftlichen Disziplinen zu einem organischen Ganzen verwoben werden und zu strukturell schlüssigen Gesamtkonzepten führen, die mehr leisten können, als Antworten auf spezielle präzise Fragen zu geben. Die meisten der heute drängenden und schwierigen Fragen verlangen zu ihrer erfolgreichen Lösung eine solche umfassende Betrachtungsweise. Wie stellen wir es an, erfahrene Bergsteiger heranzubilden? Viele glauben, die beste Methode sei es, zuverlässige Wegekundige zu nehmen und die Auszubildenden aufzufordern, sich jeweils beim Aufstieg einfach an ihre Fersen zu heften. Auf diese Weise hat so mancher Anfänger, ohne so recht zu wissen, wie ihm geschah, beachtliche Gipfel erklommen. Um seine Erfahrung anzureichern, geleitet man ihn dann auf ähnliche Art auf möglichst viele verschiedene Gipfel und, wenn die Zeit für die vielen Gipfel nicht reicht, fährt man im Notfall sogar einfach mit einer Bergbahn hinauf, um sich auch dort voller Stolz ins Gipfelbuch eintragen zu können. Entspricht nicht die Ausbildung an unseren Schulen und Universitäten heute diesem Muster? Um den schnell anwachsenden Wissensstoff zu bewältigen, wird immer mehr in die schon überfüllten Lehrpläne hineingestopft. Man folgt gewissenhaft und meist unlustig den Spuren eines gehetzten Lehrers, ohne ausreichend Zeit zu haben, sich umzusehen, um sich zu orientieren, wohin eigentlich die ganze Wanderung gehen soll. Bergerfahrung kann man nur sammeln, indem man versucht, seinen Weg selbst zu finden und selbständig zu gehen. Der Bergführer soll Hinweise geben, auf was zu achten ist, um lange Umwege zu vermeiden, um nicht in die Irre zu gehen oder sich großer Gefahr auszusetzen. Aus Zeitgründen können und wollen wir ja nicht alle Fehler der Vergangenheit nochmals in vollem Umfange nachvollziehen, aber wir sollten sie wenigstens im Ansatz machen dürfen, um sie *als Fehler wenigstens erkennen zu können*. Durch Experimentieren in der Wahl unseres Wegs, durch Auswahl verschiedener Aufstiegsrouten, durch Wandern unter verschiedenen klimatischen Bedingungen machen wir uns mit unserem Berg vertraut. Wir erlernen aufmerksame Vorsicht, Umsicht, Rücksicht und sammeln, im eigentlichen Sinne, Erfahrungen – Erfahrungen, die geeignet sind, um damit später auch einen unbekannten Berg besteigen zu können. Kreatives, lebendiges Wissen, das wir nicht nur in der uns ursprünglich vermittelten Form gespeichert haben, sondern Wissen, das wir auch als vielseitige Werkzeuge in neuartigen Situationen einsetzen können, läßt sich nur erwerben, wenn wir uns die Zeit nehmen, mit diesem Wissen zu experimentieren, um es uns *zu eigen* zu machen. Wir sollten dabei nicht vergessen: Trotz aller Anstrengungen wird das Wissen, das wir als Lehrer unseren Schülern in unseren Schulen vermitteln können, immer nur ein winziger Bruchteil des heute wißbaren Wissens bleiben. Daran können wir prinzipiell nichts ändern. Also: Warum sind wir dann nicht mutig genug und reduzieren unsere Lehrpläne, um wieder mehr Zeit zum Nachdenken, zum schöpferischen Nachvollzug von Wissen, zur Vernetzung verschiedenartiger Betrachtungsweisen zu gewinnen. Viel wertvolles Wissen wird uns dadurch verborgen bleiben. Das ist richtig! Und das ist auch höchst bedauerlich. Aber: Ein schöpferischer, beweglicher Geist ist zum Erkennen der wesentlichen Strukturen unserer Wirklichkeit so viel aufgeschlossener und zur Lösung neuartiger und schwieriger Probleme so viel geeigneter als einer, der in tausend überfüllten Schubladen, deren Inhalt er nie richtig erfaßt hat, nach passenden Werkzeugen kramen muß, von denen dann auch keines so recht auf die zu lösenden Probleme passen will.

8. Zusammenfassung

Lassen Sie mich zusammenfassen: Der Naturwissenschaftler ist heute nicht nur ein Philosoph, ein Mensch, der mit seinem analytischen, fragmentierenden Denken und der daraus resultierenden wissenschaftlichen Methodik und experimentellen Technik zu erkunden sucht, ‚was die Welt im Innersten zusammenhält', wie diese Welt, das Universum entstanden ist, wie es zur Vielfalt seiner Struktur kam, zu unserer Erde, dem Lebendigen auf ihr, mit seinen Myriaden von Pflanzen und Tieren und insbesondere uns selbst, uns Menschen, die wir uns als Krönung dieser Schöpfung betrachten, begabt mit der eigenartigen Fähigkeit, durch unser Bewußtsein in gewisser Weise aus der Schöpfung herauszutreten und sie von außen betrachten zu können. Der Naturwissenschaftler ist nicht nur dieser sinnende und erkennende Betrachter, er ist vor allem *der schöpferisch Tätige und Handelnde*, der aufgrund seines Wissens um die kausalen Verknüpfungen des Naturgeschehens wesentlich in dieses eingreifen kann. Als solcher trägt er Verantwortung, die sich an überkommenen Werten, an traditionellen ethischen und moralischen Normen orientieren muß. Ihrem Wesen nach stehen diese Normen außerhalb einer wissenschaftlichen Diskussion. Sie liegen auf einem fundamentaleren Niveau. Ihre Sinnhaftigkeit haben diese Normen – wenn ich dies vom naturwissenschaftlichen Standpunkt aus betrachte – durch ihre Bewährung in einer jahrmilliarden langen Evolution erhalten. Der Naturwissenschaftler kann diese Verantwortung nur auf sich nehmen, wenn er sein spezielles Tun auf dem Hintergrund eines umfassenden Wissens und in enger Beziehung zu diesen bewährten traditionellen Werten vollzieht. Er muß sich bewußt sein, daß trotz der erstaunlichen Einsichten, die uns die Naturwissenschaften über die Welt vermittelt haben und trotz der mächtigen Werkzeuge zur Manipulation dieser Welt, die ihm aus dieser Erkenntnis erwachsen sind, er immer noch unendlich weit davon entfernt ist, die Natur wirklich im Griff zu haben. Schon aufgrund der nicht-deterministischen Naturgesetzlichkeit läßt sich die Natur prinzipiell nie in den Griff bekommen. Vor allem aber durch die enorme Komplexität und die vielfältige Wirkungsverschränkung der Natur, die eine ständige Entfaltung von neuartigen begünstigt und die Möglichkeit zu immer höheren Ordnungsstrukturen eröffnet, werden darüber hinaus langfristige Prognosen und damit eine streng kontrollierte Manipulation praktisch unmöglich. Verantwortliches

Handeln verlangt deshalb von einem Wissenschaftler, daß er sich über sein Spezialwissen hinaus um die Einbettung seines Fachgebiets in ein umfassenderes Wissen nach besten Kräften bemühen muß, daß er immer wieder versucht, sein spezielles Tun von einer allgemeineren Warte aus zu betrachten und in einen größeren Zusammenhang einzuordnen. Verantwortliches Handeln bedeutet jedoch auch, daß ein Naturwissenschaftler sich immer bewußt bleiben muß, daß er an einem hochdifferenzierten und – etwa im Sinne meiner Gedichtsmetapher – hochgeordneten System manipuliert, das sich in dieser Form in Jahrmilliarden entwickelt und bewährt hat und von dem er, als Wissenschaftler, trotz seiner Schlauheit, was die Vielfalt der Wechselbeziehungen und ineinandergreifender Regelkreise des Systems anbelangt, nur ganz wenig versteht. Es kann also nicht seine Aufgabe sein, die Gesamtsteuerung der Natur bewußt in die Hand nehmen und sie mit größter Gewissenhaftigkeit und Umsicht betreiben zu wollen, wie dies heute manchmal von Biologen gefordert wird. Welche Überschätzung menschlicher Fähigkeiten, welche Vermessenheit spricht aus dieser Vorstellung! Sie übersieht die enorme Komplexität, die vielfältige Vernetztheit natürlichen Geschehens, die selbst der besten und wohlüberlegtesten Steuerung unüberwindliche Hindernisse entgegenstellt und sie daran scheitern lassen würde. Ein solches Vorhaben übersieht, daß die Vorstellung, unsere Welt bestünde aus vielen getrennten Teilen, die dann auch getrennt manipuliert werden könnten, wesentlich mit der analytischen und zerstückelnden Struktur unseres Denkens zusammenhängt. Verantwortlichkeit bedeutet deshalb vor allem, daß wir uns bemühen müssen, hinter der Mannigfaltigkeit der Geschehnisse wieder den großen harmonischen Zusammenhang zu erkennen, und daß wir aufpassen müssen, diese Harmonie nicht durch unsere Eingriffe zu zerstören. Konkret erfordert dies von uns, bei allen unseren Handlungen wieder *das richtige Maß* zu finden. Wenn wir uns selbst zurücknehmen, vermeiden wir das Herauskippen unseres über mehrere Jahrmilliarden gewachsenen Ökosystems aus seinem zwar robusten, aber nicht beliebig unverletzlichen dynamischen Gleichgewicht. Nur bei ausreichender Mäßigung unserer Fähigkeiten bewahren und ermöglichen wir das vielfältige, freie Spiel der Kräfte, das evolutionär zu geeigneten Anpassungen an neue Umstände und zur Bildung neuer Ordnungsstrukturen führt. Unser Handeln muß also auf *volle Kooperation mit der Natur und nicht auf ihre Überwindung und Beherrschung* ausgerichtet sein. Denn: Die Natur kann letztlich ohne den Menschen leben, aber der Mensch nicht ohne die Natur. Wenn wir die Natur mißhandeln, würden wir sie lediglich zwingen, in ihrer Evolution einige Jahrmillionen oder Jahrhundertmillionen zurückzufallen und nochmals mit einem Versuch beginnen zu müssen, ein vielleicht vernünftigeres Geschöpf als den Menschen zu entwickeln, der nicht mehr seine eigenen Lebensgrundlagen zerstört. Einige von Ihnen mögen mit den Schlußfolgerungen meiner Ausführungen unzufrieden sein, weil ich mich nicht zu einem klaren Ja oder Nein oder zu klaren Aussagen derart ‚Du sollst dieses tun und jenes lassen‘ durchgerungen habe, sondern lediglich nur von einem ‚richtigen Maß‘ gesprochen habe, das wir bei unseren Handlungen finden müssen. Habe ich das Problem der Verantwortung, so werden sie fragen, damit nicht nur einfach auf die schwierige Frage verschoben, wie wir die Richtigkeit des Maßes, die Angemessenheit unserer Handlungen erkennen können? Es ist unmittelbar einsichtig, daß wir für das ‚richtige Maß‘ keine strengen Regeln vorgeben können. Das ‚richtige Maß‘ ergibt sich letzten Endes nur aus einer umfassenden Einsicht. Wir brauchen dazu nicht nur einfach Wissen, sondern Weisheit, welche dieses Wissen aufgrund althergebrachter gewachsener Wertvorstellungen zu einem Ganzen verwebt. Da ein Naturwissenschaftler nicht nur ein Spezialist ist, der mit klarem Verstand über Zusammenhänge in der Natur nachdenkt, sondern als Teil der Natur unmittelbar, obwohl begrifflich nicht scharf faßbar, aus ihrem Urgrund schöpfen und als Mensch vertrauensvoll auf eine lange ethische und moralische Tradition zurückgreifen kann, wird er im Prinzip auch die Fähigkeit haben, dieses ‚richtige Maß‘ zu finden, wenn er sich diese

Quellen nicht hoffnungslos verschüttet. Seine Fähigkeit, das ‚richtige Maß‘ zu finden, wird allerdings völlig überfordert, wenn es hierbei auf hohe Präzision ankommt. Dies heißt, daß er alles tun muß, um nie in eine Situation zu kommen, wo solch eine Präzision notwendig ist. Bildlich gesprochen, darf ein Naturwissenschaftler nicht über ein Drahtseil mit der Menschheit auf dem Buckel balancieren, da eine geringfügige Abweichung vom ‚richtigen Maß‘ die absolute Katastrophe für die Menschheit bedeuten würde. Verantwortliches Handeln verlangt hier, eine Aufforderung für einen solchen Drahtseilakt *strikt zu verweigern* oder nach Möglichkeiten zu suchen, die Menschheit nicht in dieses Risiko miteinzubeziehen. Die Verantwortungsfrage stellt sich für den Naturwissenschaftler heute so dramatisch und erdrückend, weil wir mit unserer Wissenschaft und Technik mit besonderer Vorliebe in Lawinenhängen herumsteigen und über Drahtseile balancieren. Daß wir dies tun, ist kein Zufall: In einer hemmungslosen Wettbewerbswirtschaft kann man seinen Konkurrenten nur abhängen, wenn man versucht, auf irgendeine Weise extreme Situationen anzusteuern.

9. Abschließende Bemerkungen

Bei dem heute üblichen Vergleich von Risiken wird der Aspekt, in welcher Situation Menschen vernünftig Verantwortung übernehmen können, gänzlich außer acht gelassen. Lassen Sie mich zum Schluß meines Vortrags darauf noch etwas eingehen, da es Punkt 3 der früher aufgeführten Voraussetzungen betrifft, die bei verantwortungsvollem Handeln erfüllt sein müssen.

9.1. Über das Risiko und dessen Zumutbarkeit

Das Risiko bei einer technischen Manipulation, z. B. beim Betreiben einer technischen Einrichtung, wird gewöhnlich definiert als das Produkt aus dem maximalen Schadenumfang, der bei einem möglichen Störfall entstehen kann, multipliziert mit der Wahrscheinlichkeit für das Eintreten dieses Störfalls. Nach dieser Berechnung ist also das Risiko das gleiche, wenn in einem Fall bei einem Störfall im Schnitt jedes Jahr ein Mensch zu Tode kommt, und einem anderen Fall, bei dem alle 10 000 Jahre ein Unfall passiert, wo 10 000 Menschen sterben. Unsere subjektive Bewertung würde in diesen beiden Fällen anders ausfallen und den seltenen großen Unfall als schlimmer einstufen. Außerdem: Wie will man verschiedenartige Schäden miteinander vergleichen? Wie soll man Toten Geldwerte zuordnen? Etwa nach Maßgabe der ausgefallenen, in Geld bemessenen Arbeitskraft? Welchen Schaden soll man als ausreichend klein oder als für den Menschen noch zumutbar betrachten? Bei sehr hohen Schadenspotentialen, wie sie z. B. Atomkraftwerken innewohnen, liegt die eigentliche Schwierigkeit darin, daß man die Eintrittswahrscheinlichkeit eines Störfalls durch geeignete Maßnahmen ganz extrem absenken muß, um – wie man glaubt – für den Menschen akzeptable Risiken zu erreichen. Wie will man aber die Eintrittswahrscheinlichkeit in solch extremen Situationen überhaupt verläßlich abschätzen? Man kann hierzu nicht einfach die praktische Erfahrung heranziehen, wie dies die Versicherungsgesellschaften bei der Berechnung ihrer Prämien für Autounfälle machen. Wir können es uns nicht leisten, die Reaktorsicherheit aus einer statistischen Analyse von Atomreaktorunfällen zu ermitteln, da eigentlich kein einziger solcher Unfall passieren darf. Wir müssen deshalb zu theoretischen Berechnungen greifen. Wir können die Störanfälligkeit von bestimmten Komponenten der Gesamtanlage, für die praktische Erfahrungen vorliegen, in Rechnung setzen und ihre Verkopplung mit anderen Komponenten geeignet berücksichtigen. Wir können die Störanfälligkeit des Gesamtsystems herabsetzen, indem wir wichtige Funktionen mehrfach absichern. Je größer und komplexer das Gesamtsystem jedoch wird, umso höher wird andererseits die Gefahr, daß sich durch eine unglückliche Verkettung von Umständen doch ein Störfall ereignet. Jeder macht in seinem Leben die Erfahrung, daß einfache und übersichtliche Systeme oft störungsfreier arbeiten als die hochraffinierten, bis zum letzten ausgeklügelten Systeme. Bei hochkomplexen Systemen wird es immer schwieriger, alle prinzipiell möglichen Störfälle im voraus zu bedenken und ihre Eintrittswahrscheinlichkeit verläßlich abzuschätzen. Der eigentliche Begrenzungsfaktor für eine solche Abschätzung liegt letztlich in unserer eigenen *mangelhaften Phantasie*, uns nämlich vorstellen zu können, was eigentlich alles passieren könnte. Je phantasieloser wir sind, umso geringer erachten wir das Risiko, umso höher unsere Sicherheit. Da wir nicht alles überblicken, bleibt immer ein Restrisiko. Dies soll keine Kritik an den Sicherheitsexperten sein. Sie versuchen das Menschenmögliche. Sie haben die feste Absicht, voll verantwortlich zu handeln. Keiner von uns könnte sie wohl an Sorgfalt übertreffen. Sie und wir alle sind nach jedem Unfall ein Stück schlauer – das gleiche wird uns nicht ein zweites Mal mehr passieren! – unsere Reaktoren werden immer sicherer, *aber nie wirklich sicher*. Trotz aller Sorgfalt wird es nie völlige Sicherheit geben. Insbesondere entzieht sich die Wechselwirkung zwischen Mensch und Maschine jeglicher Berechnung. Gut, wird man sagen, wir müssen eben alle mit einem gewissen Risiko leben. Und wir alle tun dies ja auch täglich, wenn wir uns ins Verkehrsgewühl werfen, wenn wir schadstoffbelastete Nahrung zu uns nehmen, ohne eigentliche Notwendigkeit Zigaretten rauchen usw. Ist ein Reaktorunfall genauso zumutbar wie ein Autounfall? In der Tat würden viele eine zwangsweise Räumung einer Großstadt für 300 Jahre nach einem Reaktorunfall als vertretbar halten, wenn es nicht die Stadt ist, in der sie selbst leben. Denn, so würden die nicht direkt Betroffenen meinen, der große Rest der Menschheit würde hierbei nur relativ wenig in Mitleidenschaft gezogen. Wir erkennen jedoch an diesem Beispiel, daß die Frage der Zumutbarkeit sich nicht beantworten läßt, ohne den Kreis der Betroffenen zu betrachten. Besonders fragwürdig ist die Situation, wenn durch unsere Entscheidungen unbeteiligte Personen betroffen werden, ohne daß diese eine Entzugsmöglichkeit besitzen. Dies trifft für alle kurzfristigen ökologischen

Schäden zu – Luftverschmutzung, Wasserverseuchung – und für den kurzlebigen radioaktiven Fallout. Noch fragwürdiger wird die Situation, wenn diese Personen weder Entzugsmöglichkeit haben noch irgendeinen Nutzen aus den Einrichtungen ziehen, von denen der Schaden ausgeht. Hierzu zählen die längerfristigen ökologischen Schäden – Bodenvergiftung, Erosion, Zerstörung der tropischen Urwälder – und der langlebige radioaktive Fallout, da diese nicht nur uns treffen, als teilweise Nutznießer eines verschwenderischen Lebensstandards, sondern auch unsere Kinder und Kindeskinder, die nichts mehr von diesem Wohlstand haben werden. Der extremste Fall in dieser Richtung sind Entscheidungen, welche die Lebensgrundlage der Menschheit bedrohen oder zerstören würden, was z. B. bei einem globalen Atomkrieg geschehen würde. Aus ethischen Gründen, aus unserer Achtung vor der Würde des Menschen, aus unserem Demokratieverständnis darf ein verantwortungsbewußter Mensch keine Technik betreiben, die bei Störfällen zu Schäden von der angeführten Art führt, auch dann nicht, wenn er glaubt, daß die Wahrscheinlichkeit für einen solchen Störfall sehr klein ist. Denn wir wissen, daß ‚sehr klein' nie ‚ausgeschlossen' bedeutet und wegen unserer Phantasielosigkeit und menschlicher Bösartigkeit oder moralischer Unzulänglichkeit in der praktischen Realität auch gar nicht so klein ausfallen wird. *Denn niemand kann Verantwortung für etwas übernehmen, dessen schlimme Folgen nicht er, sondern hauptsächlich andere ertragen müssen.*

9.2. Betroffenheit

Lassen Sie mich zum Schluß nochmals direkt zur Frage der Verantwortung des Wissenschaftlers zurückkehren. Über sie wird heute viel Hochgelehrtes gesagt und geschrieben meist mit dem Ziel, schlüssig darzulegen, daß es eine solche Verantwortung gar nicht gibt. Ihre Argumentation geht aber m. E. an einem wesentlichen Punkt vorbei. Es geht bei der Verantwortungsfrage nicht um ein legalistisches, sondern um ein moralisches und ethisches Problem. Das Gefühl, mitverantwortlich zu sein, entspringt einer tiefen Betroffenheit, die sich auch durch die gescheitesten Ausreden nicht wegdiskutieren läßt. Es ist die Art der Betroffenheit, die einen Otto Hahn mit beklemmender Macht überfiel, als er vom Abwurf der ersten Atombombe über Hiroshima erfuhr. Abstrakt und rein logisch-analytisch betrachtet, trifft ihn und alle anderen keine Schuld. Die Betroffenheit ist nicht an persönliche Schuld geknüpft. Sie hängt mehr mit Schuldgefühlen zusammen, die wir als Mitglieder der Gattung Mensch empfinden, nämlich, daß wir Menschen mit immer größerer Rücksichtslosigkeit die Schöpfung, in die wir auf Gedeih und Verderb eingebettet sind, beschädigen, daß wir Menschen eine Welt zulassen, in der so etwas wie Hiroshima geschehen kann. Durch das hemmungslose Wirken des Menschen bahnen sich an vielen Stellen katastrophale Entwicklungen an, von denen viele unter uns voller Resignation glauben, daß es keine Entrinnen mehr gäbe. Ich habe Verständnis für diesen Pessimismus. Aber Einsicht in die Ursachen dieser Entwicklungen ist schon der erste Schritt für einen Wandel. Aufgrund unserer Vernunft – und nicht nur unseres Verstandes – erlaubt uns unser Menschsein doch eine ausreichende Orientierung und die Möglichkeit der freien Entscheidung und des Handelns. ‚Richtig leben' darf sich aber nicht mehr darin erschöpfen, sich blindlings den einmal vorliegenden, von uns selbst gezimmerten gesellschaftlichen und wirtschaftlichen Verhaltensregeln und -normen zu fügen. Ich gehe davon aus, daß diese Verhaltensregeln und Normen alle einmal ihren guten Zweck erfüllt haben und viele dies in gewissem Umfange und in gewisser Weise auch heute noch tun. Aber: Diese Verhaltensregeln und Normen müssen kreativ weiterentwickelt werden, wo sie nicht mehr auf die von uns selbst veränderte Wirklichkeit passen, wo sie Zerstörung bewirken, anstatt unwiderbringliche Werte zu bewahren. Wir alle sind aufgefordert, energisch mitzudenken und, um unserer Selbst willen, um der ganzen Menschheit und der Schöpfung willen, unseren besseren Einsichten gemäß verantwortungsvoll zu handeln.

Mensch und Natur – Die Partnerschaft mit der Umwelt[1]

Ich habe den Eindruck, daß dieses Thema sehr viel zu tun hat mit der Frage der Beziehung von Mensch und Natur oder von Kultur und Natur. Traditionell machen wir ja da einen großen Unterschied. Die Natur ist irgendwo da draußen, am besten dort erhalten, wo der Mensch noch nicht eingegriffen hat. Der Mensch im Gegensatz dazu ist ganz anders: Er hat geistige, moralische, emotionale Fähigkeiten, mit denen er absichtsvoll handeln, schöpferisch in die Gestaltung dieses Weltgeschehens eingreifen kann. Er ist nicht nur die ‚Krone‘ der Schöpfung, sondern das, was wir eigentlich immer gern betonen, auch der ‚Herr und Meister‘ dieser Schöpfung, Ebenbild Gottes; und es ist dieses Auseinanderklaffen – auf der einen Seite die Natur, die relativ willenlos ist, die strengen Naturgesetzen unterworfen ist, die sich also in dem Sinne ganz sklavisch verhalten muß, und auf der anderen Seite eben dieser Mensch, der diese schöpferischen Fähigkeiten, Gestaltungsmöglichkeiten hat –, das uns hier in einen großen Konflikt gebacht hat.

Die Naturwissenschaft hat ja ganz wesentlich dazu beigetragen zu suggerieren, daß der Mensch wirklich Herr und Meister dieses Geschehens ist. Mit der modernen Naturwissenschaft haben wir den Eindruck gewonnen, daß wir, wenn wir die Naturgesetze verstehen und uns genügend bemühen, auch die Natur mehr oder weniger in den Griff bekommen können. Das heißt, wir haben bei der Beziehung Mensch-Natur eher die Vorstellung einer Hierarchie von Herr und Diener, Herr

---

[1] Ursprünglicher Titel: „Partnerschaftliche Verantwortung für die (Um-)welt" (Autorisierte Übertragung vom Tonband)

und Sklave, aber nicht in dem Sinne, daß der Herr die Natur ist und wir der Sklave, sondern umgekehrt, daß wir als Menschen eigentlich angeben, in welcher Richtung alles geht.

‚Partnerschaftliche Verantwortung für die Umwelt' kann man [dagegen][2] so auffassen, daß wir als Menschen partnerschaftlich zusammenhelfen müssen, damit wir eine vernünftige Beziehung zur Umwelt haben. Aber könnte hier [nicht auch] die partnerschaftliche Beziehung zwischen Mensch und Natur gemeint sein? Dann möchte ich sagen, das ist ein bißchen arg gönnerhaft, wenn wir sagen, gut, das ist die Natur, bisher war sie mein Sklave, jetzt will ich ihr sozusagen den Status geben, daß sie auf menschliches Niveau angehoben wird. Ich würde eigentlich darüber hinausgehen, daß das doch ein bißchen anders gesehen werden muß. Wir sind Teil der Natur, und wir sind nur ein kleiner Teil der Natur. Wir spielen unseres Erachtens eine große Rolle. Vielleicht ist es richtig, daß wir in gewisser Weise das am weitesten entwickelte System sind in dieser Natur, die wir in einem umfassenderen Sinne als üblich verstehen müssen. Ich möchte deshalb mein Thema in dem Sinne interpretieren, daß ich über die Frage unseres Einvernehmens mit der Natur sprechen will, menschlicher Aktivitäten im Einvernehmen mit der Natur.

Wie ich schon sagte, ist vom naturwissenschaftlichen Standpunkt die Natur ja etwas viel größeres. Es ist nicht die Natur da draußen, die etwas romantisch verbrämt ist, sondern viel mehr, auch etwa das Innere der Sonne oder eine Supernova. Das ist für uns alles Natur. Das heißt, es braucht in der Natur schon gar nicht so idyllisch zugehen. Der Mensch ist ein Teil dieser umfassenden Natur. Und da stocke ich schon etwas, weil die moderne Naturwissenschaft uns eigentlich sagt, daß die Vorstellung, daß die Wirklichkeit als die Summe von Teilen gedacht werden kann, eigentlich gar nicht richtig ist. Aufgrund unserer

---

[2] Einfügungen in eckigen Klammern wurden vom Herausgeber vorgenommen.

neuen Einsicht ist die Wirklichkeit eine Einheit. Doch es gibt näherungsweise eine Möglichkeit, sie so anzusehen, als ob sie aus mehreren Teilen bestehe, wovon wir dann ein Teil sind. Es ist gewissermaßen nur eine Sprechweise, die eigentlich in strengem Sinne nicht gilt. Die Natur ist sehr komplex, sagen wir, womit man die Verflochtenheit der Natur unter sich ausdrückt. Ich verwende hier „komplex" in einem anderen Sinne als nur kompliziert. Kompliziert ist, sagen wir mal, ein Wollknäuel. Wenn ich einmal den Anfang gefunden habe, dann ist es ganz einfach aufzudröseln, weil es nur ein einzelner Faden ist. Aber wenn dieses Wollknäuel verfilzt ist, dann ist es komplex. Wenn ich es abspulen will, muß ich immer wieder kleine Fäden durchschneiden, damit ich es auseinanderfieseln kann. Die Wirklichkeit hat vielmehr die Struktur dieser äußerst vielfältigen Verfilzung. Wenn ich sie deshalb reduzieren will, auf einfache Bilder bringen will, dann muß ich immer wieder durchschneiden. Gewöhnlich sagen wir, das macht nichts aus, das ist nur ganz wenig, aber das gilt nicht immer, auch darin hat sich ja unsere Vorstellung geändert. Auch kleine Veränderungen können das System tiefgreifend verändern, und wir müssen achtgeben, zu sagen, es mache nichts aus.

Die Naturgesetzlichkeit, wie wir sie früher verstanden haben, das heißt vor dem Paradigmenwechsel am Anfang dieses Jahrhunderts, war gekennzeichnet durch die Feststellung, daß die Natur eine eigentümliche zeitliche Schichtung hat. Mir fällt dazu eigentlich immer so ein Kartendeck ein. Die Wirklichkeit, wie sie vor uns ist, entspricht sozusagen solch einem Stoß von Spielkarten mit einem eingeprägten Mechanismus, daß in jedem Augenblick eine neue Karte aufgedeckt wird, so daß ich mehr sehe. Die Vorstellung ist also, daß im Prinzip alles, was in Zukunft passiert, in dem Kartenstoß schon steckt. Das heißt, ein zukünftiges Ereignis existiert als Tatsache schon, aber ich kenne sie noch nicht. Das ist die alte Auffassung. Die ganze Beschreibung der Naturwissenschaft, Wissenschaft überhaupt, hat mit dieser Vorstellung des halbverdeckten Kartenstoßes zu tun. Ich frage mich also, ob es unter diesen Umständen eine Möglichkeit gibt, wenn ich die letzte Karte kenne, herauszubekommen, wie die noch verdeckte Karte darunter aussieht. Es könnte ja sein, daß die Karten in diesem Stoß geordnet sind, so daß ich schließen kann, wie die nächste Karte aussieht und auf die Karten, die kommen. Eine solche Ordnung entspricht der Naturgesetzlichkeit, wie man sie sich früher vorgestellt hat.

Nach moderner Vorstellung gilt dies nicht mehr. Die Zukunft existiert in dem Sinne noch gar nicht. Es gibt also keinen Stoß verdeckter Karten. Zukunft ist nicht eine nicht gewußte Realität, sondern sie hat sich überhaupt noch nicht gebildet. Zukunft existiert nur als Möglichkeit, als Potentialität. In jedem Augenblick gerinnt diese Potentialität, diese Möglichkeit zu Fakten und realisiert sich auf eine bestimmte Art und Weise. Das ist in gewisser Weise dann auch interessant in Hinblick auf das, was Sie vorher gehört haben: Wenn wir von einem Irrtum sprechen, dann gehen wir ja immer von der Vorstellung aus, es liege schon fest, wie es eigentlich gehen müßte und Irrtum ist eine Abweichung davon. Nein, die Zukunft ist offen, die Schöpfung ist überhaupt nicht abgeschlossen. In jedem Augenblick wird diese Welt neu geschaffen. Es gibt auch nicht so etwas wie einen Gegenstand, ein Teilchen, das mit sich selbst in der Zeit identisch ist, das ist nur eine Fiktion. Die moderne Physik zeigt uns das.

Dieser Zusammenhang, den wir entdeckt haben bei der Erforschung des Mikrokosmos, der schlägt aber nicht in den Makrokosmos durch. Also in gewisser Weise ist die Wirklichkeit am unteren Niveau viel lebendiger, als wir uns das vorstellen. Die Materie hat mit Materie gar nichts mehr zu tun, sie ist viel mehr mit dem gemein, was wir eigentlich lebendig nennen. Nur wenn dieses lebendige Ameisenzeug sich sozusagen in großer Menge häuft, dann erscheint es uns wie ein großer unbeweglicher Ameisenhaufen, so als ob hier etwas statisches da wäre. Der Stuhl steht da, das Mikrofon steht da, so als ob sich gar nichts änderte. Das heißt, durch einen Ausmittelungsprozeß kommen die Dinge zustande, die wir dann Realität, dingliche Wirklichkeit nennen. Aber darunter ist alles quicklebendig.

Die Frage ist allerdings, wieso uns das eigentlich kümmern soll, wenn uns die Atomphysiker sagen, daß eigentlich diese Lebendigkeit da ist, wenn im ,Mesokosmos', in unserer Lebenswelt, der bei größeren Dimensionen angesiedelt ist, sozusagen alles ausgemittelt ist. Aber nun ist der Punkt der: Diese Ausmittelung passiert nicht immer, sondern es gibt Situationen, in denen man zeigen kann, daß diese Fluktuation, die da unten ist, auch in unsere makroskopische Welt emporgehoben wird. Ich brauche für eine Demonstration hierfür gar kein kompliziertes System. Ich habe hier zum Beispiel einen Apparat mitgebracht, mit dem ich Ihnen zeigen will, daß die Natur ganz anders zusammengeschraubt ist, als wir uns das vorstellen mit der üblichen Mechanik. Ich habe hier ein Pendel, und das kennen Sie alle. Ich kann das [theoretisch, mathematisch] beschreiben, wie es sich bewegt, wie das schwingt. Dieses Pendel ist ein physikalisches Pendel, was die Eigenschft hat, daß es nämlich bei diesem einen einzigen Punkt gibt – nämlich wenn es in diese obere Stellung kommt –, in dem eine winzig kleine Fluktuation entscheidet, ob es auf die eine oder andere Seite fällt. Das heißt, es hat einen Instabilitätspunkt.

Dieses verschraubte System hat also schon eine winzige Lebendigkeit, die hier nur an einem einzigen Punkt zum Ausdruck kommt, in dem Sinne nämlich, daß ein einzelnes Atom die Bewegung entscheidet, ob es links oder rechts herunter fällt. Um diese Lebendigkeit aber jetzt für Sie deutlicher zu machen, mache ich nun dieses Pendel lebendiger: Es ist nämlich eigentlich ein Dreifach-Pendel. Ich nehme diese beiden Arretierungen heraus, und damit habe ich drei Pendel, die nicht mehr miteinander starr verbunden sind, ein sogenanntes Triplependel. Dieses Pendel hat nun sehr viel mehr Instabilitätspunkte. Die Bewegungsart dieses Pendels läßt sich physikalisch nicht mehr prognostizieren, obwohl es so ein einfaches System ist. Ich werde es einmal anwerfen, und Sie werden mit Erstaunen seine erratischen Bewegungsformen beobachten. Ich kann nicht prophezeien, wie es sich bewegen wird. Diese Bewegungsform ist vollkommen chaotisch, wie man sagt. Es ist das einfachste Beispiel für ein sogenanntes chaotisches System. Sie sehen also, chaotische Systeme brauchen nicht Dinge sein, die sehr kompliziert sein müssen. Sie sind aber bessere Beispiele für das Lebendige. Wir als lebendige Wesen sind nicht fest verschraubt, wir haben jetzt nicht nur drei Pendel, sondern wir haben in uns tausende von ineinander gekoppelten Pendeln, und deshalb verhalten wir uns so wenig prognostizierbar. Das ist Lebendigkeit! Auf diese Weise kann man die Lebendigkeit, die an sich der Materie zugrunde liegt, sozusagen an die Oberfläche befördern. Das ist also das Beispiel für ein mechanisches System, das nicht prognostizierbar ist. Biologische, gesellschaftliche, ökonomische Systeme verhalten sich mehr wie dieses System.

Ich will Ihnen ein anderes Beispiel geben: Wir haben alle in der Schule das sogenannte Fallgesetz kennengelernt. Wenn ich einen Gegenstand fallen lasse, dann fällt er auf eine ganz bestimmte Weise herunter. Galilei sagt uns, unabhängig von Material und Form fällt alles gleich schnell. Stimmt auch. Und nachdem man das nun wirklich gelernt hat, sagt man, gut, so ist es. Dann nehme ich dieses Blatt Papier und werfe es in den Raum. Sehen Sie zu? Stimmt dieses Gesetz? Es stimmt überhaupt nicht! Das heißt, so sieht die Realität aus, und so sieht die zugehörige Physik aus. Ich kann die Bewegung das Blattes Papier nicht vorhersagen. Das hängt selbstverständlich mit der Luftreibung zusammen, die praktisch nicht in den Griff zu bekommen ist. Was machen jetzt die Wissenschaftler? Die sagen, die Realität ist mir zu komplex und zu kompliziert. Die sagen, ich möchte mich nicht mit dieser Komplexität auseinandersetzen, ich möchte mit Systemen zu tun haben, die meinen einfachen Gesetzen folgen. Und was machen sie? Sie zerknüllen das [Papier] und jetzt folgt es auf einmal den Gesetzen, wie sie die Physik eben vorhersagt. Das ist Technik, das ist dann auch die Umsetzung. Sie verstehen, ich karikiere. Wir schauen die Natur an – zu komplex –, wir ziehen daraus unsere Vorstellungen, wir zerknüllen die Natur so lang, bis sie sich sozusagen kontrolliert verhält und prognostizierbar und manipulierbar wird. Wir bleiben selbstverständlich hier nicht stehen. Es kommt jetzt High-Tech: Ich nehme das Blatt Papier und falte es zu einer ‚Schwalbe', – das ist High-Tech –, deren Bewegung läßt sich in gewisser Weise prognostizieren, weil das Papier eine gewisse Form durch diese Faltung angenommen hat, das kriege ich noch in den Griff.

Was will ich damit zum Ausdruck bringen? Ich will Ihnen sagen: Die Natur ist nicht prognostizierbar, und damit gibt es in diesem Sinne eigentlich kein Wissen. Wissen bedeutet doch nicht, daß ich nur weiß, was in der Vergangenheit war, sondern daß ich aufgrund gewisser Erfahrungen die Zukunft extrapolieren kann. Diese Extrapolation gibt es aber nur für sehr einfache Systeme, und die Naturgesetzlichkeit ist prinzipiell nicht von dieser Art. Also glauben Sie in diesem allgemeinen Falle nicht, wenn Sie jetzt einen Experten ansetzen, der Ihnen das ganz genau berechnet, daß es dann geht. Es ist eine prinzipielle Ungewißheit in den Naturgesetzen drin. Die Naturgesetze sind nicht von der Art, wie wir das gewöhnlich annehmen.

Es existieren selbstverständlich einige Dinge, die prognostizierbar sind. Es gibt gewisse Dinge in der Natur, die unseres Erachtens ganz streng gelten. Ich will zwei nennen: Die Erhaltung der Materie und die Erhaltung der Energie. Erhaltung von Energie bedeutet, daß Energie nie erzeugt und nie vernichtet werden kann. Alles, was wir beobachten, sind Umwandlungen von einer Energieform in die andere. Das überrascht uns selbstverständlich sehr, weil wir dauernd vom Energiesparen sprechen und wieviel Energie wir für dieses und jenes brauchen. Alles ist strenggenommen Unsinn. Denn ich kann keine Energie verbrauchen. Was wir damit meinen ist, daß es eine gewisse zusätzliche Eigenschaft der Energie gibt, nämlich eine Ordnungseigenschaft, die wir brauchen und verbrauchen. Es gibt geordnete Energie, und es gibt ungeordnete Energie, und diese Ordnungsstruktur ist eigentlich das Wesentliche, was uns interessiert, was auch mit Dienstleistung und unserem Lebensstandard zu tun hat. Energie als solche spielt überhaupt keine Rolle. Nun, diese Ordnungsstruktur will ich ‚Syntropie' nennen. Ich verwende Syntropie als ein Synonym zu ,Negativer Entropie'. Entropie ist ein Maß der Unordnung, und Syntropie ist ein Maß für die Ordnung. Es gibt nun ein fundamentales Gesetz in der Natur, den soge-nannten Entropiesatz oder Zweiten Hauptsatz der Thermody-namik, der besagt: Ein unwahrscheinliches System, das abge-schlossen ist, verwandelt sich im Laufe der Zeit automatisch in einen neuen Zustand, der eine höhere Wahrscheinlichkeit in der Anordnung [seiner Teile] hat. Oder eine etwas abgeän-derte Sprechweise, die uns geläufiger ist: Ein System, das eine gewisse Ausgezeichnetheit, eine gewisse Differenziertheit, Besonderheit hat, wird – wenn ich es sich selbst überlasse – diese Besonderheit automatisch verlieren. Automatisch geht alles sozusagen in Unordnung über. Jede Ordnung verschwin-det und verwandelt sich in Unordnung. Beim Kartenspiel wis-sen wir das. Wenn wir es geordnet haben und es mischen, wird es immer ungeordnet, aber es passiert nie das Gegenteil. Probieren Sie einmal ein ungeordnetes Kartenspiel so lange zu mischen, bis die Karten angeordnet sind, das passiert nie. Das geht also nur in Richtung auf Unordnung. Sie kennen dies auch von Ihrem Schreibtisch, da stellen Sie fest, er wird im-mer nur unordentlicher und nicht das Umgekehrte.

Nun, das ist ein ganz wichtiger Punkt. Es bedeutet, daß wir hier einen allgemeinen Trend in der Natur haben, der von Ordnung zu Unordnung führt. Jetzt ist allerdings die Frage, wie es dann kommt, daß wir hier auf der Erdoberfläche einen Gegentrend haben, nämlich so etwas wie eine Evolution? Wir lernen ja: Aus einfachen chemischen Verbindungen haben sich im Laufe der viereinhalb Milliarden Jahre Erdgeschichte immer höhere Strukturen entwickelt, bis sie schließlich bei uns angelangt sind. Was ist denn los, ist das gegen die Natur? Der Grund ist, daß dieses Gesetz zur Unordnung nur gilt, wenn das System sich selbst überlassen bleibt. Sie sehen das bei einem Schreibtisch. Manchmal ist er am Wochenende auf-geräumt. Und warum? Weil Ihre ordnende Hand eingegriffen hat. Die ordnende Hand, die auf der Erde eingreift, ist die Sonne. Die Sonne strahlt uns Energie zu, die auf der Erdoberfläche ankommt. Aber der Witz ist eigentlich nicht die Energie, weil die eingestrahlte Energie fast hundertprozentig wieder in den Weltenraum als Wärmestrahlung zurückgestrahlt wird. Also von der Energie bleibt nichts hängen. Wenn die Energie hängenbleiben würde, würde die Erde sich ja aufheizen. Das heißt, die Energie fällt ein und wird wieder ausgestrahlt. Die Sonne hinterläßt auf der Erde im wesentlichen keine Energie. Aber die eingestrahlte Energie ist geordnet, sie hat eine höhere Syntropie als die ausgestrahlte, und von diesem Syntropiegefälle lebt die ganze Evolution. Das ist die ordnende Hand, mit der letzten Endes alles angetrieben wird. Im übrigen, daß die Wärmestrahlung wieder voll zurückgestrahlt wird, ist überhaupt nicht selbstverständlich. Der Grund, warum die Wärmestrahlung wieder ausgestrahlt wird und die Erde somit über ein phantastisches Energieversorgungssystem verfügt, hat damit zu tun, daß unser Nachthimmel schwarz ist und diese Energie abgesaugt wird. Der Nachthimmel ist aber schwarz, weil unser Universum sich ständig ausdehnt, und [damit wird es] zu einer Pumpe, die diese Energie aufsaugt. Wir brauchen also die Expansion des Universums, damit wir überhaupt diesen Syntropiedurchfluß haben, von dem wir leben.

Die unmittelbare Sonnenanstrahlung ist also praktisch der Motor für die ganze Evolution hier auf der Erde. Wenn wir aber die wirtschaftliche Entwicklung ansehen, dann stellen wir fest, daß wir diese Syntropie, diese Ordnungsenergie nicht aus der Sonne gewinnen, sondern wir nehmen sie hauptsächlich aus den fossilen Brennstoffen. Die fossilen Brennstoffe Kohle, Erdöl und Erdgas sind gespeicherte Syntropie der Sonne, die über Hunderte von Jahrmillionen von Mikroorganismen, kleinen Tierchen, Pflanzen usw., vor einigen hundert Millionen Jahren in der Vergangenheit angesammelt wurde. Wir verwenden diese Reservoire – das sind praktisch Tresore, die wir nun auspressen – anstatt daß wir uns bemühen, die Syntropie der Sonne [direkt] zu verwenden. Das führt dazu, daß wir nun in einem millionenfach größeren Umfang Dinge hier auf der Erde bewegen können, und das ist praktisch der Anlaß der industriellen Revolution. Das heißt mit anderen Worten, was wir eigentlich Revolution nennen ist, daß wir uns entschieden haben haben, anstatt von einem ehrlichen Einkommen zu leben, das uns hier zur Verfügung steht, uns auf ein Bankräuberleben umzustellen. Wir investieren eigentlich nur in ‚Schweißgeräte‘, mit denen wir neue Tresore, einen nach dem anderen, an Naturvermögen ‚aufschweißen‘. Und das nennen wir Wertschöpfung und Produktivität. Aber die Tresore werden wir mit der Zeit dann auch leeren. Vor allen Dingen führt dieser ungeheuer schnelle Umsatz an Energie auch zu einer Störung des Ökosystems, das seit vier Milliarden Jahren sich auf die Syntropiezufuhr von der Sonne hin optimiert hat. Das ist wohl die Schwierigkeit. Für mich ist die Frage der Energieverknappung nicht nur eine Frage der Ressourcen, sondern vor allem, daß wir hier alle natürlich ablaufenden Prozesse ungeheuer beschleunigen und die Natur sozusagen nicht mehr nachkommt, um diese Prozesse zu schließen. Wir betrachten ja die Natur um uns herum als ein beliebig abgabefähiges, ressourcenstiftendes Medium und wie ein Medium, in das wir all unseren Müll sozusagen hereinkippen können und uns nicht mehr darum kümmern müssen. In gewisser Weise ist das auch richtig, weil sich die Natur in diesen viereinhalb Milliarden Jahren zu einem phantastisch durchgetesteten Ökosystem entwickelt hat. Viereinhalb Milliarden Jahre getestet, so daß ‚sie gelernt‘ hat, all diese Dinge, diese Stöße gegen das Schienbein, die wir ihr versetzen, abzufedern. Aber wir dürfen es nicht übertreiben, und im Augenblick übertreiben wir es, die Natur kann das nicht mehr abpuffern. Der Punkt dabei ist nicht der, daß die Natur uns um Gnade bittet, was immer mitschwingt, wenn man sagt, wir müssen die Natur ein bißchen schützen. Naturschutz klingt in meinen Ohren arrogant und ist unsinnig. Die Natur braucht von uns überhaupt nicht geschützt zu werden, sondern wir müssen uns selbst schützen, wir zerstören ja unsere eigene Lebensgrundlage. Das Prinzip der Natur ist, wenn jemand sich so blöd verhält wie wir, dann sagt die Natur, gut, mach weiter, dann bist du weg vom Fenster in ein paar Generationen. Das ist genau, was passiert. Die Natur ist nicht etwas, was sich auf ein gewisses Ziel hin entwickelt, die Natur entfaltet sich nach dem Prinzip von ‚Versuch und Irrtum', und wir wissen gar nicht, was in Zukunft passiert. Es existiert nicht einmal ein Szenarium, weil die Zukunft nicht-gewußte Realität ist, sie ist offen und entwickelt sich voran, und was passiert, passiert eben. Die Natur schreitet nach dem Prinzip von ‚Versuch und Irrtum' fort und entwickelt durch Selbstorganisation höhere Ordnungsstrukturen. Wo sie letztlich ankommt, ist gewissermaßen zufällig, aber alle Versuche, die sie macht, werden ausgetestet, ob sie passen oder nicht, und dafür nimmt sich die Natur genügend Zeit. Deshalb ist es für diesen Gegentrend nach höherer Ordnung außerordentlich wichtig, daß wir uns Zeit nehmen. Wenn wir ihn zu sehr beschleunigen, dann fallen wir in den ‚natürlichen' Prozeß zurück der sagt, jede Ordnung verwandelt sich in Unordnung.

Das ist etwa so, wie wenn Sie ein Bergsteiger am steilen Fels sind. Naturgesetz ist, daß Sie nur von oben nach unten fallen und nie von unten nach oben. Dann fragen Sie, wie schafft es ein Bergsteiger, daß er am Schluß oben am Gipfel ankommt? Da sind wir, wir gehen in Gegenrichtung der ‚normalen' Evolution. Das geht nur, indem wir sehr sorgfältig steigen, jeden Griff prüfen, ob er sicher ist, und dann weitergehen. Auf diese Weise kommen wir zum Gipfel. Wenn wir aber sagen, jetzt haben wir nicht soviel Zeit, jetzt müssen wir mit dieser Technologie das noch schneller machen und so fort, dann machen wir so viele Mißgriffe, daß wir letztlich abstürzen. Das ist nämlich die eigentliche Schwierigkeit an der Sache. Ich möchte also betonen: Die Natur braucht keinen Schutz, die Natur kommt ohne uns zurecht, aber wir sind nicht nur auf die Natur allgemein, sondern auf dieses ganz spezielle Ökosystem, das sich hier in viereinhalb Milliarden Jahren herausgebildet hat, notwendig angewiesen.

Noch etwas über diese Ordnungsstruktur: Was heißt denn Ordnungsstruktur, dieses immer-höher-und-höher? Ich verwende das gerne in einem Beispiel, nämlich einem Goethe-Gedicht. „Grenzen der Menschheit", etwa ist ein sehr komplexes System, das Ordnungsstrukturen auf verschiedenen Niveaus hat. Es hat Buchstaben, 26 Buchstaben kommen in einer gewissen Anordnung vor, es werden Worte, Sätze gebildet, und diese Sätze machen sogar noch Sinn. Aber ich brauche eine gewisse Vorbildung. Wenn ich diese Vorbildung nicht habe, entdecke ich nur einen Teil dieser Struktur. Das will ich simulieren: Angenommen, Sie haben nie von Goethe gehört, Sie haben nie deutsch gelernt, dann sieht das Goethe-Gedicht so aus ... Es ist dasselbe Goethe-Gedicht, ich habe es nur verunstaltet, indem ich das Aphabet gespiegelt habe, A mit Z vertauscht, B mit Y und so fort. Jetzt haben Sie noch die Vielfalt, aber Sie verstehen ‚Bahnhof'. So sieht also Goethe aus für jemand, der nicht deutsch kann. Er entdeckt noch eine gewisse Differenziertheit, aber die höheren Strukturen kann er nicht erkennen. Das ist meines Erachtens ungefähr, wie ich die Natur beobachte. Ich sage: Toll, so eine Vielfalt! Aber warum eigentlich diese spezielle Zusammenstellung, das ist doch ein bißchen luxeriös, der liebe Gott hat irgendwie zuviel Phantasie gehabt. Wenn er so effizient gearbeitet hätte wie unsere Technik, dann hätte er das doch ein bißchen durchsichtiger und transparenter gemacht. Wenn wir dem lieben Gott dabei einen Rat geben könnten, würden wir etwa sagen: Warum hast du es nicht so gemacht, nämlich nach Buchstaben geordnet: A's in die erste Zeile, B's in die zweite Zeile usw .... Das wäre das Goethe-Gedicht, sozusagen durch Menschenhand geschleust. Jetzt ist es transparent, und es ist ‚viel besser als die Natur'; weil die Natur nicht so viele N's nebeneinander bekommt, sind wir viel effizienter. Hier passiert nun diese Effizienz, auf die wir besonders stolz sind. Die Natur ist optimal in einem ganz anderen Sinne: So wie das Gedicht eine Ausbalanciertheit, einen Sinn hat, bei dem ich nicht einfach nur die Buchstaben abzähle, also Dinge hier in Betracht ziehe, die ich sehen kann.

Ich will noch ein anderes Beispiel vorführen. Die Natur hat eine chaotische Struktur (ich spreche jetzt von der belebten

Natur), wie dieses Pendel das hier vorgeführt hat, sie ist also gar nicht zielstrebig. Dann sagen Sie: Wie kann ich mit Systemen umgehen, die diese Verrücktheit haben? Was soll ich denn machen? Aber es ist nicht ganz so schlimm. Wenn ich mehrere von diesen Pendeln zusammen habe, dann bilden diese auch wieder eine gewisse Ordnungsstruktur, die gewisse Ähnlichkeiten hat, und ich will ihnen jetzt ein zweites Experiment vorführen, auch ein ganz einfaches: Ich habe hier einen durchsichtigen Plastikbehälter. Jetzt nehme ich ein bißchen Schmierfett, einen Tropfen davon, den ich auf diesen Zylinder [-Boden] tue und drücke diesen [dann in den Plasiktopf] hinein [bis auf den Boden]. Jetzt breitet sich dieser [der Tropfen Schmierfett] aus zu einem Fladen. Ganz gleichmäßig. Jetzt ziehe ich den Zylinder langsam heraus, es dringt Luft von allen Seiten in diesen [Fett-] Film herein. Das geht vollkommen chaotisch vor sich, aber wenn ich das genügend sorgfältig mache, dann sehen Sie, daß sich hier Strukturen bilden, die wir von den Lebendigen her kennen. Wenn ich es wiederhole, erhalte ich eine [völlig] andere Struktur, aber sie hat Ähnlichkeiten mit der vorherigen. Das heißt, obwohl im Mikroskopischen alles sozusagen chaotisch ist, liefert es im Zusammenspiel Formen, die uns an das Lebendige erinnern. Das heißt, in chaotischen Systemen gibt es andere Ordnungsprinzipien, die nicht diese Härte und Schärfe haben, die wir bei mechanischen Pendeln finden, aber die trotzdem zu einer gewissen Regelmäßigkeit führen. Das sollten wir im Auge haben.

Nun, wenn wir das so betrachten und uns fragen, was zukünftig geschieht und was wir unter diesen Umständen eigentlich machen sollen, dann muß man die Leute daran erinnern, daß vor der Aufklärung niemand daran gedacht hat, daß die Zukunft streng prognostizierbar sei. Und trotzdem war Leben möglich. Wenn die Zukunft nicht prognostizierbar ist, müssen wir unseren Lebensstil ändern. Wir sollten nicht sagen, daß wir [schon] wissen was kommt und dann versuchen, zu optimieren und zu maximieren, um am Ende festzustellen, daß es nicht eintrifft. Wir sind dann sehr unglücklich und glauben, es war ein Irrtum und so fort. Jetzt habe ich diesen teuren Experten bezahlt, und dann feure ich ihn, weil er nicht das Richtige vorausgesagt hat. Nein, ich muß mich damit abfinden, daß es gewisse Situationen gibt – und die gesellschaftlichen gehören dazu einschließlich der ökonomischen –, wo viele Dinge schlicht und einfach nicht prognostizierbar sind. Wie verhält man sich in einem solchen Fall? Man verhält sich so, wie wenn man Auto fährt, wo man weiß, daß alle übrigen betrunken sind. Das heißt, man fährt vorsichtig, man macht kleine Schritte, man schaut immer herum, beobachtet die Veränderungen. Wir brauchen also eine offene, aufmerksame Lebensweise, die enorm flexibel ist. Das ist, was die Natur uns vormacht. Die weiß ja auch nicht wohin es geht. Die Natur macht kleine Schritte, und dann probiert sie aus, ob diese passen. Die Vielfalt der Natur hängt daran, daß sie eben nicht versucht, gewisse [bestimmte] vorgenommene Optionen zu maximieren, sondern in jedem Schritt versucht sie, die Zahl der Optionen zu vervielfältigen, damit sie mehr Flexibilität hat. Oder, um es noch genauer zu sagen, die Natur will ja eigentlich überhaupt nichts. Die Natur ist genauso dumm und blöd wie wir, sie geht einfach voran. Aber diejenigen Dinge, die überlebt haben, sind diejenigen, die die höchste Flexibilität haben. Daß wir hier auf der Erdoberfläche herumlaufen, hat nichts mit unserer Stärke zu tun, so toll sind wir nicht, sondern weil wir enorm flexible Systeme sind. Stellen Sie sich mal vor: Unser Verstandesapparat ist doch ein Vorwegnehmen möglicher Handlungen; wenn ich mir ein Szenarium mache und ich stelle am Schluß fest, da habe ich einen Fehler gemacht, dann breche ich einfach den Gedanken ab. Wenn ich meinen Gedanken wirklich gelebt hätte, dann wäre vielleicht mein Leben zu Ende. Also eine sehr überlebensfähige Art und Weise, Handlungen sozusagen durch unseren Verstandesapparat zu optimieren. Aber: Dies macht gleichzeitig auch deutlich, daß unser Verstandesapparat eigentlich auf die Handlung bezogen ist und nichts damit zu tun hat, die Welt möglichst gut zu verstehen. Dafür ist er eigentlich gar nicht so gut geeignet.

Ich will noch ein paar abschließende Worte sagen, wie wir das Ausgesprochene praktisch umsetzen sollten. Was wir machen müssen ist, daß wir wieder ein Leben führen, das mehr Freiheit zum Experimentieren läßt. Irrtümer sind nämlich in Wirklichkeit keine Irrtümer. Es sind Möglichkeiten eines Spiels, hier den nächsten Schritt zu machen. Ich muß Zeit geben, daß mein eigenes Spiel sozusagen mit dem übrigen Spiel, das schon da ist, zusammenstimmt. Ähnlich, wie wenn ich eine Suppe koche und ein Gewürz rein tue, so muß ich erst einmal eine Weile rühren, um zu sehen, ob die überhaupt gut ist, bevor ich die nächste Prise hereingebe. Ich muß mir Zeit lassen. Das heißt, wir müssen langsamer vorangehen, wir müssen uns auch in irgendeiner Weise mäßigen. Wenn man von Mäßigung spricht, so denken wir an ‚Askese' und ‚den Gürtel enger schnallen'. Ich mag eigentlich diese Assoziationen nicht, weil ich ein lebensfreudiger Mensch bin. Dies rührt aber davon her, weil wir, wie ich glaube, die falschen Vokabeln verwenden. Dieses Zurücknehmen in gewissen Dimensionen bedeutet doch meistens, daß ich sozusagen mehr Spielraum bekomme, um mich zu verändern. Wenn ich alles auf eine Karte setze, dann fahre ich auf einer Schiene. Wir müssen unser Leben so einrichten, daß wir in bezug auf gewisse Dinge eine Moderation einführen. Hier sollte ich einige praktische Beispiele anführen, für die mir jetzt die Zeit fehlt.

Was ich für die eigentliche Schwierigkeit halte, ist selbstverständlich, daß wir mißverstehen, daß wir Singularitäten sind. Hier sind wir und hier die übrige Welt. Die Habsucht ist zum Grundprinzip unseres ökonomischen Denkens gemacht, was vollkommen verrückt ist. Denn genau das ist ja das, was überhaupt nicht funktioniert. Das ist ein typisches Nullsummenspiel-Denken, wo der Vorteil des einen immer gleichzeitig als der Nachteil des anderen betrachtet wird. Die Natur bevorzugt Plussummenspiele, bei denen alle Spieler profitieren. Die Natur arbeitet mit Kooperation. Es wurde gesagt, die Natur entwickle sich durch eine Abfolge von Katastrophen. Das ist falsche, menschliche Sichtweise. Es sind nicht wirklich Katastrophen im eigentlichen Sinne. Wenn man selbst betroffen ist, hält man das für eine Katastrophe. Aber das ist dann nur wieder so, weil ich mich selbst aus der Schöpfung herausnehme und nicht die Schöpfung als Ganzes betrachte. Die Natur lebt von Kooperation. Das heißt, Liebe und Mitgefühl, das am Sonntag auch immer in unseren Predigten vorkommt, ist nicht etwas, was der Mensch so im Überschwang seines Denkens oder aufgrund seines edlen Charakters erfunden hat, sondern es ist ein Grundprinzip, das zu einer ökologisch nachhaltigen Lebensweise führt und das auf einer mehr ganzheitlichen Betrachtungsweise des Geschehens aufbaut.

Ökologische Herausforderung der Ökonomie – Eine naturwissenschaftliche Betrachtung

1. Einleitung

Man mag es vielleicht als reichlich arrogant erachten, daß ich als Physiker – und noch dazu als Elementarteilchenphysiker, der sich hauptsächlich mit den Gesetzmäßigkeiten des Mikrokosmos beschäftigt – mich so dreist zu einem wirtschaftlichen Thema äußere, von dem ich nur wenig verstehe. Ich kann diese Kritik verstehen. Ich bin aber ein überzeugter Grenzgänger und möchte Sie auch dazu animieren. Denn ich halte es für die Lösung der uns heute bedrohenden globalen Probleme für unumgänglich, daß wir uns *alle* ein Stück weit aus unseren engen fachlichen Nischen herausbewegen und uns für einen umfassenden interdisziplinären Dialog öffnen, der nicht nur die Nachdenklichen in allen Disziplinen in engeren Kontakt miteinander bringt, sondern insbesondere auch Brücken zwischen den ‚Grübelnden‘ und den ‚Handelnden‘ schlägt.

Viele von uns haben sich in der Vergangenheit vor allem mit den drängenden Fragen der Friedenssicherung befaßt. Diese werden und müssen leider auch weiterhin einen Großteil unserer Aufmerksamkeit beanspruchen, wenigstens so lange die Rüstungsausgaben der Länder nicht auf einen Bruchteil ihres jetzigen Umfangs reduziert worden sind. Die Gefahr ist nämlich groß, daß viele von uns annehmen, mit dem Ende des kalten Kriegs zwischen Ost und West sei nun auch ein für allemal die große Kriegsgefahr gebannt. Ich fürchte, daß die übermächtigen militärischen Kräfte diese Einstellung weidlich ausnutzen und die Rüstung hinter unserem Rücken unvermindert weiter vorantreiben. Noch immer stehen zigtausende von Atomwaffen auf beiden Seiten für ihr Vernichtungswerk bereit und suchen zum Teil auf abenteuerlichen Wegen neue Besitzer. Kein Wunder: Denn noch immer werden sie von den augenblicklichen Besitzern als ein wesentliches Attribut ihrer militärischen Sicherheit und als letztlich unverzichtbares Element zur Gewährleistung ihres physischen Überlebens betrachtet.

Obgleich kein angemessener Gegner mehr in Sicht ist, geht die Entwicklung und der Bau dieser Superwaffen weiter. Obgleich niemand weiß, wie das hochtoxische und hochradioaktive Plutonium jemals wieder aus unser Lebenssphäre beseitigt werden kann, setzen wir – allen voran die USA, England und Frankreich – die Produktion von Plutonium fort. Obgleich eine Weiterverbreitung der Atomwaffen droht, weil deren Besitz als Beweis staatlicher Souveränität gewertet und als Eintrittskarte in den Weltsicherheitsrat begehrt wird – werden von den westlichen Atommächten unbeeindruckt und hemmungslos weitere Kernwaffentests durchgeführt und damit die wissenschaftlich-technische Entwicklung dieser Massenvernichtungswaffen weitergetrieben, *so als ob nichts geschehen wäre.* Ja, gewissermaßen zur Krönung dieses ganzen Wahnsinns, wird uns jetzt auch noch von höchsten Repräsentanten weisgemacht, daß nur durch den Aufbau eines effektiven Atomraketenabwehrsystems nach Art von SDI die Gefahren einer Weiterverbreitung von Atomwaffen gebannt werden könnten. Während wir uns also erleichtert und zufrieden von den unerfreulichen Rüstungsproblemen glauben abwenden zu können, bereitet sich hier schon wieder die nächste Tragödie vor. Neue Spannungen bauen sich auf, deren eigentliche Ursachen wir, hier im Norden, nun vor allem im *Süden* auszumachen suchen und gegen die wir uns – so unverständlich dies auch klingen mag – mit denselben Massenvernichtungswaffen wappnen wollen, welche eigentlich auf den atomwaffenstarrenden Gegner im Osten gemünzt waren.

In diesem Zusammenhang wird deutlich, daß die Friedenssicherung im militärischen Sinne nur *ein* Aspekt einer *viel umfassenderen Problematik* ist, um die wir uns heute gleichermaßen und mit *wachsender* Intensität kümmern müssen. Wir müssen klar erkennen, daß die Zerstörung unserer Mitwelt im globalen Maßstab und die Verelendung einer immer weiter zunehmenden Mehrheit der Menschheit uns vor praktisch unlösbare Probleme stellt. Denn bei der Betrachtung dieser neuen Probleme müssen wir schmerzhaft erkennen, daß die Rüstungsproblematik, mit der wir uns so lange beschäftigt haben, vergleichsweise noch zu den einfacher zu lösenden Problemen gehört. Denn sie hat als reines Menschenwerk eine starke wissenschaftlich-technische Komponente, die für uns trotz ihrer hohen Kompliziertheit als prinzipiell durchschaubar erscheint. Auch bietet sich in der Rüstungsproblematik wenigstens *eine* mögliche und für die Mehrheit der Menschen sofort annehmbare Lösung an, nämlich die einer *umfassenden Abrüstung auf allen Seiten.* Eine entsprechende Lösung der ökologischen Problematik ist hier wesentlich widerspruchsvoller und schwerer erreichbar, da wir uns dabei alle selbst als Gegner gegenüberstehen. Wenn wir unsere Aufmerksamkeit jedoch weniger auf die vielfältigen Symptome als vielmehr auf die eigentlichen Ursachen richten, so ergeben sich vielleicht doch geeignete Ansatzpunkte, um dieser Problematik wirksam auf den Leib rücken zu können. Hier ist es relativ leicht, die *wachstumsorientierte Wirtschaftsweise* als *ein*, wenn nicht sogar als das größte Grundübel der weltweiten Spannungen auszumachen.

Es ist in der Tat meine feste Überzeugung, daß ohne *tiefgreifende Änderungen der Rahmenbedingungen und der Spielregeln* der heutigen, auf stetiges Wachstum programmierten Ökonomie keines der anstehenden brennenden globalen Probleme – wie etwa die Friedenssicherung, die langfristige Tragfähigkeit der Ökosphäre, ein gerechter Ausgleich der extremen wirtschaftlichen und sozialen Nord-Süd-Ungleichgewichte – sich wird lösen lassen. Wir fordern heute als höchstes Ziel unseres Staatswesens eine *ständig wachsende Wirtschaft,* wie sie durch ein steigendes Bruttosozialprodukt ausgewiesen werden muß, zur besseren Befriedigung unserer ‚Bedürfnisse‘, was immer wir darunter verstehen mögen, ohne Rücksicht darauf, *was* wir eigentlich wirklich ‚bedürfen' und *wer* eigentlich an dieser überquellenden Üppigkeit noch teilnehmen kann, und ohne große Gedanken darüber, was durch diese maßlose Entwicklung irreparabel in unserem Umfeld zerstört wird. Es ist in der Tat allerhöchste Zeit, die Ökonomie endlich aus ihrer *Naturvergessenheit* herauszuführen, ein Kardinalfehler, durch den allein nur die Vision eines ständig wachsenden Wirtschaftsvolumens als Möglichkeit denkbar erscheint.

Die Aufgaben, die hier vor uns stehen, sind fast unüberwindlich schwierig. Sie erfordern zu ihrer Lösung eine ungeheure gemeinsame intellektuelle und tätige Anstrengung von ‚Grübelnden und Handelnden'. Es wäre mein Traum, daß wir eines Tages einmal das ganze Potential an Motivation und Tatkraft, an Intelligenz und Phantasie, das heute immer noch für einen immer raffinierteren Waffenbau gebunden ist und mit veralteten Vorbildern Auswege aus der Problematik sucht, in gleichem Maße für die Lösung der angezeigten wirklich relevanten Menschheitsprobleme mobilisieren könnten. Es stellt sich uns doch heute die drängende Frage: *Wie muß eine Wirtschaft gestaltet werden, daß aufgrund ihrer eigenen Spielregeln nicht automatisch die Reichen reicher und die Armen ärmer werden, sondern vielmehr alles einem fairen Ausgleich ohne eintönige Gleichförmigkeit zustrebt?* Und dann vor allem auch die entscheidende Frage: *Wie muß eine Wirtschaft gestaltet werden, um langfristig die Mitwelt, in die wir allesamt mit unserem biologischen, wirtschaftlichen und gesellschaftlichen Leben eingebettet sind, nicht für uns Menschen lebensbedrohend zu beschädigen?*

Es ist offensichtlich, daß wir uns im Augenblick mit dieser Fragestellung außerordentlich schwer tun, weil der Zusammenbruch der östlichen Kommandowirtschaften für viele zu signalisieren scheint, daß die von uns im Westen praktizierte Wirtschaftsweise nun für alle deutlich als Siegerin hervorgegangen ist und sich dadurch, gewissermaßen im Darwinschen Sinne, als schlechthin angemessene Lebensform erwiesen und bewährt hat. Diese fehlerhafte Wahrnehmung könnte für uns alle tödlich enden.

Offensichtlich ist die Wirtschaft als eine Aktivität des Menschen *mit* dem Menschen auch ein Teil der allgemeinen Natur. In klassischen Wirtschaftsmodellen erscheint die Natur jedoch nur als äußere Rahmenbedingung in der Form eines unendlich abgabefähigen und aufnahmefähigen Mediums, aus dem wir kostenlos und nach Belieben Ressourcen entnehmen und in das wir auf dieselbe sorglose Weise Abfallstoffe deponieren können. Es ist jedoch offenkundig, daß die Wirtschaft im Vergleich zur Vergangenheit die Natur heute besser wahrnehmen und, was deren Funktion anbelangt, genauer einbeziehen muß, um ihre Aufgaben angemessen und befriedigend erfüllen zu können.

Obgleich die Beziehung zwischen Wirtschaft und Natur eigentlich im Sinne der Frage diskutiert werden müßte, auf welche Weise die Wirtschaft geeignet in die umfassendere Natur eingebettet werden kann, so daß sie mit der für die menschliche Existenz wesentlichen Ausprägung dieser Natur auf der Erdoberfläche – der Natur im engeren Sinne – langfristig verträglich wird, also deren ‚Nachhaltigkeit‘ (sustainability) gewährleisten kann, so wird wohl für eine kurzfristige Strategie – bei der wir auf wirksame und schnellgreifende Erfolge angewiesen sind – die Frage im Vordergrund stehen müssen, auf welche Weise umgekehrt die Natur, mit ihrer im Vergleich zur Wirtschaft wesentlich komplexeren ‚Wertordnung‘, innerhalb der bestehenden Wirtschaftsordnung qualitativ und vor allem auch quantitativ – in der dort üblichen Wertnorm des Geldpreises oder Tauschwerts – berücksichtigt werden kann, um wenigstens die schlimmsten Naturschädigungen abzubremsen, aufzuhalten oder gar zu verhindern.

2. Wertschöpfung und Produktivität

In der Wirtschaft spielen die Begriffe der *Wertschöpfung* und der *Produktivität* eine zentrale Rolle. Allgemein findet beim Produktionsprozeß in der Tat eine ‚Wertschöpfung‘, eine ‚Wertsteigerung‘ statt, wobei die Steigerung des Werts in einer

Erhöhung der ‚Ordnungsstruktur' des Endprodukts – im Sinne einer höheren Differenziertheit und nicht einer Ordentlichkeit oder Regelmäßigkeit – zum Ausdruck kommt. So werden z. B. bei der Produktion von Autos Rohstoffe, Halbzeug und einfachere Systeme funktionsgerecht stetig zu immer komplexeren, höher ‚geordneten' und für uns höherwertigen Systemen zusammengefügt. Die Ordnungsqualität dabei besitzt eine *gewisse* Verwandtschaft mit dem physikalischen Begriff der ‚Syntropie' oder der ‚Negativen Entropie'. Im Gegensatz zur Materie und Energie, die bei allen Prozessen unverändert bleiben, gilt dies *nicht* für die Ordnungsqualität Syntropie.

Es gilt nämlich in der Physik der sogenannte ‚Zweite Hauptsatz der Thermodynamik', der besagt, daß ein sich selbst überlassenes System im Laufe der Zeit automatisch in eine wahrscheinlichere Konfiguration übergeht.

Dieses eigentümliche Verhalten ist uns zum Beispiel beim Mischen eines Kartenspiels geläufig: Beim Mischen der Karten geht jegliche besondere Anordnung eines Kartenspiels verloren, während der umgekehrte Vorgang nie passiert.

Dies hat eine immens wichtige praktische Folge: Da hochdifferenzierte Ordnungsstrukturen in einem System, statistisch betrachtet, immer unwahrscheinlicher sind als Ordnungsstrukturen mit geringerem Differenzierungsgrad oder gar als eine totale Unordnung, bedeutet dies nämlich im allgemeinen, daß jegliche Ordnungsstruktur, jede Besonderheit, jedes Ausgezeichnetsein im Laufe der Zeit, einer eingeprägten Tendenz folgend, von alleine abgebaut und zerstört wird. Bei *Umwandlungsprozessen von abgeschlossenen Systemen nimmt also die Unordnung immer zu und deshalb die Syntropie, als Maß der Ordnung, immer ab*, eine Beobachtung, die wir auf mannigfache Weise in unserem Alltagsleben machen können. Sie brauchen nur an ihr Arbeitszimmer zu denken, wie sich hier durch eine unsichtbare Hand immer nur die Unordnung und eigentümlicherweise nie die Ordnung vergrößert.

Dies bedeutet auch, daß jeglicher ‚Wertschöpfungsprozeß', in diesem eingeschränkten physikalischen Sinne, notwendig mit einem ,Wertzerstörungsprozeß' verbunden ist, der ihn überkompensiert. Diese physikalische Gesetzmäßigkeit dominiert auch unsere technische Produktion, was für uns jedoch nicht immer einsichtig ist, da wir gewöhnlich den parallel zur Wertschöpfung laufenden Wertzerstörungsprozeß nicht wahrnehmen oder für unwesentlich halten. Denn dieser Wertzerstörungsprozeß, dieser Verbrauch an Syntropie, passiert gewissermaßen im Verborgenen. Er geschieht vor allem dadurch, daß bei jeder Wertschöpfung gleichzeitig hochgeordnete Energie, wie etwa Hochtemperaturenergie, chemische, elektrische, mechanische Energie usw. in niedergeordnete Niedertemperatur-Wärmeenergie verwandelt wird. Auch die ordnende Hand des arbeitenden Menschen wird ja durch die chemische Energie der Stoffe gespeist, die er in Form pflanzlicher und tierischer Nahrung vorher aufgenommen hat.

3. Ordnungsstrukturen

Bei dieser Beschreibung natürlicher Prozesse erscheint der Begriff der ,Wertschöpfung' in unmittelbarer Beziehung zur Schaffung einer irgendwie gearteten ,höheren' Ordnungsstruktur. Der Begriff der ,Ordnung', den wir hierbei verwenden, hat die Bedeutung einer höheren Differenzierung, einer speziellen Besonderheit, einer größeren Komplexität oder – statistisch betrachtet – einer höheren ,Unwahrscheinlichkeit'. Dieser Begriff sollte also nicht in dem alltäglichen Sinne verstanden werden, wo ,Ordnung' mehr mit Gleichförmigkeit und Regelmäßigkeit zusammenhängt, also mehr das Entgegengesetzte, nämlich etwas wie Undifferenziertheit, Symmetrie und Einfalt ausdrückt.

Die Anordnung der Atome und Moleküle in einem Einkristall erscheinen uns z. B. im normalen Sprachgebrauch viel ,ordentlicher', als etwa die Anordnung der Moleküle in einer DNA-Doppelhelix. Das DNA-Kettenmolekül hat aber in dem von mir benutzten Sinne eine viel höhere Ordnungsstruktur, da es ja den Code für ein Lebewesen enthält.

Dasselbe gilt – um ein anderes anschauliches Beispiel zu nennen – für die Anordnung der Buchstaben in einem Gedicht, das hochgeordnet ist. Ich habe hier z. B. ein Gedicht von Goethe ‚Grenzen der Menschheit' ausgewählt (s. Abb. 1). Für einen Analphabeten sieht dies wie ein Buchstabenchaos aus, das wir etwa imitieren können, indem wir den Text durch Spiegelung des Alphabets – d. h. a wird in z, b in y vertauscht – für uns unleserlich machen (s. Abb. 2). Es ist also jetzt ein Durcheinander von Buchstaben, bei dem wir leicht in Versuchung geraten können, es etwas zu ‚ordnen', z. B. die verschiedenen Buchstaben gruppenweise aufzureihen, also alle A's in die erste Zeile, die B's in zweite Zeile usw. zu schreiben (s. Abb. 3). Es ist offensichtlich, daß wir mit diesem ‚Ordnen' die inhärente höhere Ordnung des Gedichts zerstören.

Ein solches ‚Ordnen' hat eine gewisse Ähnlichkeit mit unserer Vorgehensweise bei der Entwicklung der Technik, bei der wir oft glauben, es besser als die ‚Natur' machen zu können, weil es uns etwa gelingt 67, n's hintereinander anzuordnen im Kontrast zu mickrigen 2 n's im ‚natürlichen' Fall. Das von uns so geordnete System läßt sich selbstverständlich einfacher beschreiben und besser manipulieren, aber es verliert seinen ‚Sinn', den nur ein ‚Sprachkundiger' wahrnimmt.

An der Metapher des Gedichts kann man vielleicht am leichtesten deutlich machen, was wir unter Ordnungshierarchie in dem von mir verwendeten Sinne verstehen. Eine Vielzahl von Linien führt zur Bildung von Buchstaben, eine Vielzahl von Buchstaben zur Bildung von Worten, eine Vielzahl von Worten zu Sätzen, eine Vielzahl von Sätzen zu Gedichten usw. Auf jeder Stufe gelingt eine neue Ordnungsstruktur, die auf der Vorstufe *nicht erreichbar* ist. Das Zusammenwirken von Buchstaben ermöglicht die Bildung von Worten, also eine Ordnungsstruktur, die wir mit einem einzigen Buchstaben nicht darstellen können.

4. Kontinuierliche Quelle von Syntropie

Für isolierte, sich selbst überlassene Systeme führt der allgemeine Trend des Naturgeschehens von Ordnung zur Unordnung. Dies hat zur Konsequenz: Ohne konstruktive Einwirkung, ohne äußere ordnende Unterstützung, ohne ‚tätige Pflege', ohne ständige Zufuhr von Syntropie zerfällt allmählich jegliche geordnete Struktur. Umso erstaunlicher ist es deshalb, daß sich auf der Erde ein Evolutionsprozeß zu immer höheren Lebensformen abspielt, der dieser ‚natürlichen' Tendenz zur Strukturzerstörung entgegengerichtet zu sein scheint. Dieser aufbauende Evolutionsprozeß, so erkennen wir, war und ist nur möglich, weil die Erde im elektromagnetischen Strahlungsfeld der Sonne liegt. Durch die Sonnenlichteinstrahlung wird der Erde dauernd hochwertige Energie zugeführt, die jedoch – bis auf vergleichsweise kleine Energiemengen, die etwa zeitweise durch Pflanzen und Tiere gebunden werden – nicht verbraucht, sondern fast vollständig wieder als niederwertige Wärmestrahlung in den Weltenraum zurückgestrahlt wird. Die Sonnenstrahlen laden bei dieser Verwandlung gewissermaßen nur ihre höhere Energie*wertigkeit* und damit Syntropie auf der Erde ab. Die Sonne ist also für die Erde eine dauernd sprudelnde Syntropiequelle. Die Sonne hat also gewissermaßen für die Erde die Funktion einer stetig ordnenden Hand. Sie ist der Motor jeglichen organischen Wachstums auf der Erde und letztlich auch die wesentliche treibende Kraft aller technisch-wirtschaftlichen Aktivitäten des Menschen.

Die Pflanzen beziehen ihre Syntropie unmittelbar von der Sonne und speichern sie in Form chemischer Ordnungsstrukturen. Sie werden dadurch selbst zu Syntropiequellen, was sich die Tiere und auch die Menschen zunutze machen, indem sie diese – oft über mehrere Zwischenglieder einer Nahrungskette – sich einverleiben, auffressen. Wir sollten dabei jedoch beachten, daß viele der von uns hochgeschätzten Wertschöpfungsprozesse nur ganz wenig Syntropie benötigen. Einige Hände voller Reis, die wir als Nahrung zu uns nehmen, befähigen uns zum Beispiel, schwarze Tinte auf Papier in so hoch strukturierte und geordnete Produkte wie Gedichte, Symphonien und wissenschaftliche Abhandlungen zu verwandeln.

5. Syntropie-Reservoir

Aufgrund bestimmter Erdbewegungen und Wasserverhältnisse kommt es hin und wieder vor, daß Pflanzen und Tiere vor ihrem vollständigen chemischen Abbau in tiefere Erdschichten gelangen und dann Kohle, Erdöl und Erdgas bilden können. Der wirtschaftliche Aufschwung der Industriestaaten hängt wesentlich mit der Nutzung dieser vor mehreren hundert Millionen Jahren gebildeten Syntropie-Reservoire zusammen. Was hier über Zeitspannen von hunderten von Jahrmillionen über Pflanzen und Tiere in winzig kleinen Mengen langsam aber stetig an Sonnensyntropie gespeichert wurde, wird von uns heute innerhalb weniger Generationen verbraucht oder besser: vergeudet, denn nur ein kleiner Teil dieser eingefangenen Sonnensyntropie wird für den eigentlichen technischen Wertschöpfungsprozeß, für die Schaffung neuer Ordnungsstrukturen wirklich genutzt. Der Rest beschleunigt nur den allgemeinen, ‚natürlichen' Zerstörungsprozeß. Ohne die Ausbeute dieses enormen Naturvermögens an gespeicherter Sonnensyntropie wäre die rasante Entwicklung der Industrieländer und die Ansammlung ihrer großen Reichtümer nicht möglich gewesen. Zwei Hände voller Kohle können z. B. die körperliche Tagesarbeit von drei Menschen ersetzen.

Die systematische Erforschung der Erdkruste und die Entdeckung immer weiterer Lagerstätten von Energieträgern, oder besser: von Syntropie-Speichern, hat die Vorstellung genährt, daß die Erde, gemessen an menschlichen Aktivitäten, als ein *unerschöpfliches Reservoir* von Syntropie-Quellen angesehen werden kann und wir deshalb für unsere Aktivitäten uns nicht mehr auf unsere primäre Syntropiequelle, das tägliche Syntropie-Einkommen der Sonne, beschränken müssen: Der Verbrauch an Syntropie für den menschlichen Wertschöpfungsprozeß erscheint nach dieser Auffassung als vernachläßigbar klein im Vergleich zu den bekannten und vor allem den noch nicht entdeckten Syntropie-Speichern. Die Endlichkeit und Erschöpfbarkeit der jeweiligen physischen Ressourcen wird, so glaubt man, bei weitem kompensiert durch die Entdeckung weiterer Ressourcen. Diese Einstellung wurde durch die Entdeckung andersartiger Syntropie-Quellen, die nicht auf die Sonnenstrahlung zurückgehen, verstärkt: Schwere Elemente wie Uran, die bei früheren Supernova-Explosionen vor einigen Jahrmilliarden im Weltenraum erzeugt wurden, sind Träger großer hochgeordneter Energien, die durch Atomkernspaltung freigesetzt werden können. Auch die leichten Elemente, wie insbesondere Wasserstoff, der von den Anfängen des Urknalls herrührt, stellen ergiebige Syntropie-Quellen dar. Durch Fusion des Wasserstoffs zu Helium – nach dem Vorbild der Sonne – lassen sich prinzipiell auch auf der Erde große Mengen hochgeordneter Energie erschließen.

Die Frage ist deshalb verständlich: Warum sollen in Zukunft nicht noch weitere und andersartige Syntropie-Quellen entdeckt werden, wodurch die Erschöpfung einer Ressource durch ihre Substitution mit einer anderen Ressource kompensiert werden könnte? Die von niemanden bestrittene Endlichkeit bestimmter Ressourcen würde bei dieser Betrachtung also gewissermaßen durch den unendlichen Einfallsreichtum des Menschen, der neue Ressourcen in unendlicher Folge erschließen kann, überwunden werden. In der Tat haben die Wissenschaftler mit ihrer reichen Phantasie und ihrem unermüdlichen Eifer diese These bisher in vollem Maße bestätigt. Daraus folgt jedoch keinesfalls, daß sich diese Erfahrung auch in alle Zukunft bewahrheiten wird – und vieles scheint in der Tat eine solche Befürchtung zu bestätigen, wenn wir alle Nebenbedingungen, unter denen eine Erschließung neuer Ressourcen geschieht, mit in die Rechnung einbeziehen.

Der enorme Aufschwung der Wirtschaft in den industrialisierten Ländern beruht bei dieser Betrachtung gewissermassen auf einer Bankraub-Mentalität. Wertschöpfung und Produktivität orientieren sich, bildlich gesprochen, an der Investition von immer besseren, raffinierteren und meist auch teureren Schweißgeräten, mit denen immer dickwandigere Tresore mit großen, in der Vergangenheit angesammelten natürlichen Schätzen aufgebrochen werden. Die Bestohlene ist unsere Natur, die nicht nur unsere Umwelt, sondern unsere Mitwelt ist, in die wir auf komplexe Weise existentiell eingebettet sind. In gewisser Weise berauben wir uns also selbst. Die Natur ist nicht einfach ein Steinbruch, den es möglichst schnell und effizient auszubeuten gilt, sondern sie stellt – zusammen mit den Menschen in ihr – letztlich die eigentliche Produktivkraft dar, die echte Wertschöpfung erlaubt. Im Gegensatz dazu ist das übliche ‚Kapital‘ eigentlich kein *Produktions*faktor als vielmehr ein *Organisations*faktor, der erlaubt, kostenloses Naturvermögen in Geld bewertetes Tauschwertvermögen umzubuchen. Ähnliches gilt für den ‚Plan‘ in der Planwirtschaft, der Naturvermögen in Gebrauchwerte verwandelt (s. insbesondere Hans Immler in ‚Vom Wert der Natur‘).

6. Die neue Situation des Menschen

Dies alles bringt den Menschen der Natur gegenüber in eine ganz neue Situation. Sein Einfluß auf die Ökosphäre der Erde kann nicht mehr wie nur eine kleine, nebensächliche Störung der mächtigen natürlichen Dynamik des irdischen Gesamtgeschehens betrachtet werden, sondern dieser Einfluß wird nun zu einem wesentlichen Gestaltungsfaktor. Die Eingriffe des Menschen beschwören sogar die Gefahr herauf, daß das hochkomplexe Ökosystem , das sich in der milliardenjahre langen Erdgeschichte durch einen raffinierten Prozeß der Selbstorganisation nach dem Prinzip ‚Versuch und Irrtum‘ entwickelt hat, aus seiner relativ robusten, aber eben nicht beliebig stabilen dynamischen Gleichgewichtslage herausgekippt wird. Hierdurch könnten leicht Bedingungen auf unserer Erdoberfläche entstehen, unter denen der Mensch als Gattung nicht mehr überlebensfähig wäre.

Da wir als bewußt handelnde schöpferische Menschen nicht außerhalb der Natur leben, sondern Teil der Natur sind, ist auch alles, was wir tun, in einem allgemeineren Sinne ‚natürlich'. Das gilt insbesondere und auch vor allem für unsere Technik. Dies bedeutet aber nicht, daß es deshalb gleichgültig ist, was wir tun und auf welche Weise wir es tun. Als ‚Krone der Schöpfung' sind wir gleichsam der Haupttrieb eines hochentwickelten Gewächses, nämlich des Biosystems unserer Erde. Unsere Eingriffe werden die Fortentwicklung dieses Organismus' beeinflussen: Er kann entweder weiter wachsen und gedeihen oder aber auch auf verschiedene Weise beschädigt werden, vielleicht sogar in einem Grade, daß etwa sein Haupttrieb – also die Spezies homo sapiens – abstirbt oder ganze Zweige, aus dem der Haupttrieb entsprießt, sein Stamm oder gar seine Wurzeln in Mitleidenschaft gezogen werden. Jeglicher Schaden, den wir der Biosphäre oder Ökosphäre, die auch die anorganische Basis der Erdoberfläche einschließt, zufügen, verletzt letztlich nicht die Natur. Denn die Natur in ihrer allgemeinen Bedeutung offenbart sich uns in unendlich vielen verschiedenen und darunter auch recht gewalttätigen Formen, so etwa auch als Supernova, als explodierender Stern, oder als Millionengrad heißes Plasma wie im Inneren unserer Sonne, oder aber auch als dieser wüste leblose Planet, der unsere eigene Erde vor einer Milliarde Jahren noch war, bevor das Leben langsam aus dem Meer herauskroch und sich auf diese grandiose Weise entfaltete. Die Natur in diesem Sinne braucht deshalb eigentlich keinen Schutz, sondern es liegt in dem ureigensten Interesse von uns Menschen als dem Haupttrieb des Ökosystems, daß wir die Lebensfähigkeit und die Entwicklungsfähigkeit dieses einmaligen Organismus zu erhalten versuchen. Denn die Natur kann sehr wohl ohne uns und auch ohne dieses irdische Ökosystem leben, aber wir nicht ohne sie und dieses Ökosystem.

Wenn wir die Handlungsmöglichkeiten zukünftiger Generationen von Menschen nicht einengen und auch die Evolution des Lebens zu höheren Formen auf unserer Erde nicht gefährden wollen, so ist uns strenggenommen nur die Nutzung der uns täglich zufallenden Syntropie der Sonne erlaubt. *Sie ermöglicht in der Tat eine stetige Weiterformung und Höhergestaltung* – und zwar genau nach der Art und Weise, wie wir es in der uns umgebenden Natur beobachten. Aus der ungeheuren Vielfalt der Natur auf unserer Erdoberfläche und ihrer Komplexität lesen wir dabei ab, daß langfristig erfolgreiche Entwicklungskonzepte nicht darin bestehen, bestimmte vorteilhafte Optionen voll auszureizen, also *maximal anwachsen* zu lassen, wie wir das meist mit unserer Technik tun, sondern vielmehr darauf angelegt sind, in jedem Schritt durch eine raffinierte Balance von Kräften und Gegenkräften die *Anzahl möglicher Optionen zu vermehren*. Durch die Vermehrung der Vielfalt werden die Anpassungsmöglichkeiten an veränderte äußere Lebensbedingungen verbessert und durch Schaffung höherer differenziert-kooperierender Ordnungsstrukturen die Flexibilität erweitert, um diesen erfolgreicher begegnen zu können.

Ich bevorzuge deshalb in diesem Zusammenhang eher die Bezeichnungen ‚Weiterformung‘, ‚Höhergestaltung‘ ‚Neuschöpfung‘ oder ‚Autopoesis‘ und weniger den Begriff der ‚Entwicklung‘, der nur an ein ständiges Auswickeln erinnert, oder gar das abgenutzte Wort ‚Wachstum‘, das auch in der abgewandelten Form des ‚qualitativen Wachstums‘ der neuen Dimension nicht ausreichend gerecht wird und mehr zur Verwirrung als zur begrifflichen Klärung beiträgt. Es ist doch kaum sinnvoll, etwa ein Gedicht als einen ‚qualitativ angewachsenen Buchstaben‘ zu betrachten und so zu beschreiben.

Die ständige und beschleunigte Ausbeutung nicht erneuerbarer Syntropie-Reservoire für unseren Wertschöpfungsprozeß und die damit verkoppelte vermehrte materielle Wirtschaftsaktivität hat gegenüber dem von der Natur auf unserer Erde benutzten Verfahren gravierende Nachteile, und bildet m. E. die wesentliche Ursache für einen Großteil unserer heutigen globalen Schwierigkeiten:

- Wir verbrauchen, was nicht mehr ersetzbar ist – wir zehren also von der Substanz.
- Um dem in der Folge auftretenden Mangel zu begegnen, erschließen wir immer neue Syntropie-Quellen mit, in der Regel, immer größerem Aufwand, wodurch der Erschließungsprozeß und damit der Zerstörungsgrad eskaliert.
- Es gibt kein natürliches Regulativ, diese Natur-Ausbeutungseskalation zu dämpfen, solange – anschaulich gesprochen – die Schweißgeräte billiger sind als die Ausbeute beim Knacken der Tresore. Die Verzinsung des Kapitals orientiert sich an dieser künstlichen Relation und nicht an echter Wertschöpfung.
- Die Ausbeutungseskalation führt nicht nur zu einer schnelleren Erschöpfung der Ressourcen – was, wie viele glauben, wegen des praktisch unendlichen Reichtums unserer Erde vorläufig unerheblich sei –, sondern erzeugt am anderen Ende des Prozesses eine entsprechend schnell anwachsende Menge von Abfall verschiedenster Art, der unsere Biosphäre direkt und nachhaltig beeinflußt.

Es ist vor allem dieser letzte Punkt des ansteigenden Abfalls und Mülls, der heute besonders in das Bewußtsein der Öffentlichkeit gerückt ist und uns dramatisch deutlich macht, daß wir *nach bisherigem Muster nicht weiter wirtschaften können*. Denn dieser Abfall zerstört auf mannigfache Weise unmittelbar die Produktivkraft der Natur auf unserer Erde, insbesondere die Produktivkraft der speziellen Ökosphäre, von der wir existentiell abhängen und von der wir leben.

7. Das Abfallproblem

Jede Syntropienutzung, jede Wertschöpfung, geht einher mit einer Verwandlung von höhergeordneten Systemen in niedergeordnete Systeme. Das niedergeordnete System hat mindere Qualität und ist deshalb für uns meist Abfall und Müll, für die wir keine weitere Verwendung mehr haben.

Der ‚Abfall' der hochgeordneten Sonnenstrahlung ist niedertemperierte Wärmestrahlung, die von der Erde wieder in den Weltenraum zurückgestrahlt wird. Wegen des schwarzen Nachthimmels – eine Folge der Expansion des Universums – wird diese Wärmestrahlung voll aufgesogen. Die ‚Energie-Entsorgung' der Erde ist also perfekt. Das Leben auf der Erde hat sich auf die Gleichgewichtstemperatur, bei der Einstrahlung und Abstrahlung sich gerade das Gleichgewicht halten, optimal eingependelt.

Im Vergleich dazu ist der übrige Abfall, den menschliche Aktivität erzeugt, wie uns immer mehr bewußt wird, nicht unproblematisch. Die Verbrennung von Kohle, Erdöl und Erdgas entläßt große Mengen Kohlendioxyd in die Atmosphäre, die aller Voraussicht nach einen Treibhauseffekt bewirken und dramatische Klimaveränderungen nach sich ziehen können. Andere Verunreinigungen der Atmosphäre, die Vergiftung unserer Gewässer, die Schadstoffbelastung unserer Böden geben uns fast unlösbare Probleme auf. Die Gefahr dabei besteht nicht nur in einer graduellen Verschlechterung der allgemeinen Lebensbedingungen in der Biosphäre, von der wir als Menschen direkt betroffen sind, sondern in der Möglichkeit eines plötzlichen Umkippens dynamischer Gleichgewichte mit dramatischen Folgen für die Produktivität der irdischen Natur und damit auch sekundär für die Produktivität unserer Wirtschaft.

Um diesen Gefahren zu begegnen, denken wir heute vor allem an Reparaturmaßnahmen. Kurzfristig und mittelfristig werden sie von entscheidender Bedeutung sein. Langfristig betrachtet, werden sie aber das eigentliche Problem nicht lösen können. Denn Reparaturen sind wieder Aktivitäten, die letztlich den Verbrauch an Syntropie steigern und damit das eigentliche Problem insgesamt weiter verschlimmern. Dies kommt indirekt auch dadurch zum Ausdruck, daß nur Länder mit hoher Produktivität – also Länder, denen es am besten gelingt, Naturvermögen auszubeuten und in Tauschwertvermögen zu verwandeln – reich genug sind, um sich solche Reparaturen leisten zu können. In gewisser Weise ist das

Bruttosozialprodukt BSP, das wir irrtümlicherweise als Maß für unsere Lebensqualität betrachten, ein Maß für alle (formellen) Aktivitäten und damit ein Maß für den Syntropieverbrauch und die Ordnungszerstörung.

Weit aussichtsreicher als große Reparaturmaßnahmen zur Vermeidung einer Verschiebung oder gar eines Umkippens des dynamischen Gleichgewichtszustands der Ökosphäre scheint es, an den Wurzeln dieses Problems anzusetzen, nämlich *Abfall quantitativ zu reduzieren,*

- durch Produktionsweisen, welche auf Ressourcen mit Entsorgungsschwierigkeiten ganz verzichten;
- durch Steigerung der Effizienz bei der Nutzung der Ressourcen;
- durch Wiederverwertung des Abfalls, also durch eine weitgehende Schließung des materiellen Produktionskreislaufs, wobei jedoch darauf zu achten wäre, daß durch den dabei notwendigen höheren Einsatz an hochgeordneter Energie dieser Gewinn nicht durch Abfall an anderer Stelle wieder zunichte gemacht wird.

Dabei möchte ich noch auf einen anderen wichtigen Punkt verweisen. Es ist nicht nur die *Menge* des Abfalls, die unsere Umwelt in Bedrängnis bringt, sondern die *Geschwindigkeit*, mit der Umwandlungsprozesse ablaufen. Hier wirkt sich vor allem die Wettbewerbsform unserer Wirtschaft sehr negativ aus, da sie jeden Teilnehmer zu einem immer höheren Tempo zwingt. Die Selbstheilungsprozesse der Natur sind an Zeitspannen gebunden, die – wenn wir sie wesentlich mit unseren Aktionen unterschreiten – nicht mehr greifen können. Bei zu rascher Änderung kann eine optimale Anpassung nach dem bewährten Ausleseprinzip ,Versuch und Irrtum' nicht mehr gelingen. *Bewertung erfordert Bewährung in der Praxis* und deshalb die dafür nötige Mindestzeit.

8. Was können wir tun?

Welche Schlußfolgerungen können und sollten wir aus all diesen Erörterungen ziehen? Gibt es insbesondere irgendeine reale Chance, unsere gewonnenen besseren Einsichten in diese Problematik auch in geeignete Handlungen zur Entschärfung und Lösung dieser Probleme praktisch umzusetzen? Was sollen wir denn tun und insbesondere, was müssen wir unterlassen, um die Produktionsfähigkeit und Vitalität, die Nachhaltigkeit – wie wir heute sagen –, die ‚sustainability' unserer Ökosphäre optimal zu unterstützen?

Viele erwarten hier von den Naturwissenschaftlern die wesentlichen Einsichten und praktischen Hinweise, da diese, wie sie glauben, doch aufgrund ihrer Kenntnis der Naturgesetzlichkeit die zukünftigen Entwicklungen am besten abschätzen können. Ich bin hier jedoch eher skeptisch. Denn die Prognosefähigkeit der Naturwissenschaft ist im Falle hochkomplexer Systeme äußerst begrenzt. Ich glaube stattdessen, daß unsere traditionelle Weisheit, das Wissen, das wir aus dem großen gemeinsamen Erbe der Weltreligionen schöpfen und das uns Liebe, Mitgefühl, Kooperation und Solidarität lehrt – vielleicht aber auch die Kunst – uns hierbei eine weit bessere Orientierung geben können. Da der Mensch nämlich als Gattung offensichtlich einige langfristige Überlebensprüfungen der natürlichen Auslese erfolgreich bestanden hat – sonst wären wir ja heute nicht mehr da –, läßt sich doch mit einigem Recht vermuten, daß unsere grundlegende körperliche und geistige Veranlagung wesentlich mit der Nachhaltigkeit der Ökosphäre, von der wir ja existentiell abhängen, im Einklang steht.

Selbst wenn wir eine Ethik hätten, die uns deutlich aufzeigen könnte, wie ein mit der Natur einvernehmliches Verhalten im Prinzip gestaltet werden müßte, so brauchen wir immer noch Leute, die angeben, was im konkreten Fall tatsächlich gemacht werden sollte sowie Leute, die dann die Verantwortung übernehmen und die Initiative ergreifen, dieses auch praktisch zu implementieren. Verantwortung zu übernehmen ist hier nicht nur eine Frage der Stärke und des Mutes, sondern verlangt vor allem eine ausreichende Wahrnehmung der Komplexität der Natur und ein viel weitergehenderes Einfühlungsvermögen in die dort ablaufenden, hochvernetzten Prozesse, die durch eine sensibel austarierte Balance von Kräften und Gegenkräften – und nicht etwa durch starre Verschraubungen – in einem lebendigen Gleichgewicht gehalten werden. Es verlangt darüber hinaus aber auch eine Einsicht in die ‚Topologie‘, die Beziehungsstruktur unseres eigenen Wissens, um den Wert und die Grenzen des eigenen Verständnisses beurteilen und die Genauigkeit und Verläßlichkeit einer Voraussage abschätzen zu können. In vielen Fällen wird Verantwortlichkeit deshalb nicht darin bestehen, bestimmte Aktionen in Gang zu setzen, sondern viel mehr im Gegenteil, *Mäßigung* und – wie Peter Kafka betont – *Gemächlichkeit* zu üben, um der Natur eine faire Chance zu geben, alle unsere vielfältigen Fehlentscheidungen und Fehlhandlungen mit ihrem reichen Instrumentarium auszubügeln. Es ist deshalb dringend geboten, auf Kooperation und nicht auf Gegnerschaft mit der Natur und ihre Beherrschung zu setzen, mit der berechtigten Aussicht, damit auch an ihrer milliardenjahre langen Erfahrung teilzuhaben.

Eine Sicherung der Nachhaltigkeit, der langfristigen Tragfähigkeit der Ökosphäre erfordert von uns ein neues Verständnis unserer Rolle als Teil dieses komplexen Ökosystems. Dies verlangt einerseits wohl eine dramatische Änderung unseres Bewußtseins und unseres bisherigen Denkens, andererseits die Entwicklung und Bereitstellung von Werkzeugen, um diese neuen Einsichten auch in unseren Gesellschaften effektiv umzusetzen.

Ein neues Bewußtsein zu wecken und ein neues Denken zu entwickeln, erscheint besonders schwierig, da dies einen langen Lernprozeß erfordert, der wohl – wenn überhaupt – nur im Laufe einiger Generationen bewältigt werden kann. Ein solcher Prozeß könnte jedoch wesentlich schneller ablaufen, wenn – was ich glaube – ein solches Bewußtsein nicht neu geschaffen werden müßte, weil es nämlich in uns schon unterschwellig angelegt ist. In diesem günstigen Fall müßten wir dieses Bewußtsein nur in uns selbst wiederentdecken und aus unserem tradiertem geistigem Erbe zurückzugewinnen versuchen. Wir müßten dann nur einiges Geröll beiseite räumen, das sich in unseren Herzen und unseren Köpfen – vor allem der Menschen in den reichen Ländern, die so stark auf Aktion statt auf Kontemplation ausgerichtet sind – in den letzten Jahrhunderten angesammelt hat. Es ist selbstverständlich schwer einzuschätzen, ob solche Abräumarbeiten, ohne von großen äußeren Katastrophen regelrecht erzwungen zu werden, jemals ernstlich angegangen werden und auch, ob sie, wenn sie tatsächlich in Gang kämen, schnell genug greifen würden, um die augenblicklich gefährlich eskalierende Situation wirkungsvoll zu entschärfen. Deshalb würde es außerordentlich hilfreich sein, wenn wir unser modernes Leben – also vor allem die Lebensweise der Menschen in den industrialisierten Ländern – durch geeignete Maßnahmen so ausrichten könnten, daß dieser Lernprozeß voll unterstützt und die notwendige Entwicklung ausreichend beschleunigt würde.

Lernprozesse werden in der Regel nicht durch kluge Reden, logische Ableitungen und abstrakte Überlegungen gefördert, sondern vor allem durch die ständige Umsetzung von Gedanken in praktische Handlungen. Auch die Natur führt ihre großartige Schöpfung nicht nach einem vorher schlau ausgeheckten, superintelligenten Konstruktionsplan aus – wegen der indeterministischen Wirkungsstruktur exisiert dafür auch keine genügend feste Basis – ihr Erfolgsrezept besteht vielmehr in der Anwendung des Prinzips von ‚Versuch und Irrtum', also darin, in einem lockeren Spiel immer wieder Neues in dieses brodelnde Geschehen eines schon gut funktionierenden Systems hineinzuwerfen und dann geduldig abzuwarten, ob sich aus der innigen Vermählung des Neuem mit dem Alten eine neue, anders geordnete Struktur etabliert, die gewisse Vorteile gegenüber der ursprünglichen bietet.

9. Nachhaltige Wirtschaft

Doch wie läßt sich eine *ökologisch nachhaltige Wirtschaft* in unseren heutigen ‚real existierenden' Gesellschaftssystemen praktisch implementieren? Die Möglichkeit, irgendwelche Ziele überhaupt ‚aktiv' ansteuern zu können, setzt eine prinzipielle Steuerungsfähigkeit des Systems voraus. Dieses wiederum verlangt eine ausreichende Flexibilität und Reaktionsfähigkeit seiner Glieder, die wohl nur bei einer genügend weitgehenden *Dezentralisierung* der Gesamtstruktur erreicht werden kann. Denn Flexibilität verlangt notwendig eine umfassende und unabhängige Partizipation der Menschen. Dies kann aber nur in relativ kleinen Regionen funktionieren, da Partizipation wechselseitige Dialoge erfordern, bei denen die Zeitverzögerung, mit der eine Reaktion auf irgendwelche Aktionen eines Agierenden für diesen erkennbar erfolgt, dessen zeitliche ‚Frustrationsperiode' nicht überschreiten darf. Auch führt unser westlicher ‚wissenschaftlich-technisch-wirtschaftlicher Fundamentalismus' mit seiner irrigen Vorstellung, bei ausreichender Kenntnis aller Gegebenheiten letztlich alles ‚in den Griff' bekommen zu können, und mit seiner primitiven Bewertung, alle Werte entsprechend dem Tauschwert allein durch Geld beziffern zu können, zu Sinnentleerung, Erstarrung und Einebnung ethnischer und kultureller Vielfalt. Ethnische und kulturelle Vielfalt ist jedoch für die Überlebensfähigkeit der Menschheit so wichtig wie die Artenvielfalt für die belebte Natur. Allerdings wird diese ethnisch-kulturelle Vielfalt ihre vitalitätsstärkende Rolle nur spielen können, wenn diese nicht durch Arroganz und Machtstreben in unzähligen, unfruchtbaren Nationalitätenstreitigkeiten zermürbt und aufgerieben wird, sondern in wechselseitiger Hochachtung und Toleranz, im Geltenlassen eines ‚sowohl-als-auch' ihre synergetischen und symbiotischen Wechselbeziehungen entwickelt, bei denen zum Nutzen aller das Ganze mehr wird als die Summe seiner Teile.

Die vor uns stehende Aufgabe, unsere Wirtschaft wirklich *ökologisch nachhaltig* zu gestalten, ist in der Tat gigantisch und eine Realisierung, wie von allen ‚Realisten' immer wieder betont, *absolut utopisch*. Ich stimme dieser pessimistischen Einschätzung zu und auch der damit stillschweigend verbundenen Vorstellung, daß sich die ganze Schwierigkeit eben dann auf irgendeine andere, für uns bisher noch nicht einsehbare Weise, *von selbst* wird lösen müssen. Denn für die Natur gibt es ja prinzipiell keine unlösbaren Situationen. *Aber* es gibt überhaupt keine Gewähr dafür, daß eine solche natürliche Lösung für uns Menschen besonders günstig ausfallen wird. Denn es erscheint mir beliebig unwahrscheinlich, daß die von uns Menschen in den industrialisierten Ländern in Gang gesetzte, eskalierende Produktions-Eigendynamik letztlich *aus sich heraus* je geeignete Gegenkräfte entwickeln wird, die diese Dynamik einfängt und stabilisiert, *ohne* von dem wirksamsten Instrument Gebrauch zu machen, nämlich uns Menschen und unsere rücksichtslosen, das allgemeine Leben auf unserer Erde negierenden Zivilisationen einfach auszulöschen. Diese Korrekturdynamik wird zugegebenermaßen zunächst – wie schon jetzt sichtbar und spürbar – die Schwächsten dieser Erde und Schuldlosesten an dieser Misere, also die Menschen in der ‚Dritten Welt', mit vernichtender Gewalt überrollen, aber sie wird sehr schnell danach auch auf uns in den industrialisierten Ländern, die eigentlichen Urheber dieser katastrophalen Entwicklung, mit unseren hochgezüchteten, hochempfindlicheren Gesellschaftssystemen verhängnisvoll durchschlagen. Es wird letztlich keine ‚Insel der Seeligen' mehr geben, die einer Minderheit von Privilegierten noch Schutz und Überleben gewähren könnte.

Diese pessimistische Vision, so behaupte ich, ist ‚realistisch', wenn wir fortfahren, unsere Zukunftsmöglichkeiten im Sinne der sich selbst definierenden ‚Realisten' zu beurteilen. Ich sehe jedoch prinzipiell keinen Grund, warum wir dem Menschen von vorneherein die Fähigkeit absprechen sollen, nicht in letzter Minute und höchster Gefahr doch noch eine erfolgreichere, wirklich intelligente Gegenstrategie zu entwickeln. Zweifellos wird hierzu eine *außergewöhnliche* und deshalb aus *utopischen Visionen schöpfende* Phantasie nötig sein, wesentlich mehr Phantasie jedenfalls, als uns bei ‚realistischen' Erwägungen, die sich ja notwendig immer nur auf bereits erprobte, vergangene Erfahrungen beziehen, so einfallen wird. Ist es nicht höchste Zeit, daß wir uns endlich der großen und lebensentscheidenden Herausforderung, mitweltverträgliche Lebensstile zu entwickeln, entschlossen stellen und weltweit eine große gemeinsame Anstrengung starten, und zwar in einer Größenordnung, wie wir sie bisher nur für unsere militärische Sicherheit so bereitwillig und ‚selbstverständlich' geleistet haben?

10. Praktische Umsetzung der Nachhaltigkeit

Doch wie sollen wir diese gigantische Aufgabe praktisch angreifen? Welche konkreten Einstiege sind denkbar, um dem Menschen insbesondere der nördlichen Erdhalbkugel zu helfen, seine Naturvergessenheit zu überwinden und ihn zu einer ökologisch vertretbaren Lebensweise zu veranlassen? Welcher Ort und welcher Zeitpunkt ist dafür am geeignetsten?

Auf den ersten Blick erscheint der jetzige Zeitpunkt für eine politische Umsetzung in den industrialisierten Gesellschaften gar nicht so ungünstig. Viele Menschen zeigen sich in hohem Maße von der Umweltproblematik beunruhigt. Viele alte Überzeugungen sind ins Rutschen gekommen. Die Forderung nach tiefgreifenden Reformen wird lauter, und es wächst auch die allgemeine Bereitschaft, sich in diesem Prozeß selbst zu engagieren und auch mögliche persönliche Nachteile dabei zu tolerieren. Andererseits versuchen viele – oft aus verständlicher Hilflosigkeit der verwirrend komplexen ökologischen Problematik gegenüber oder aus Frustration über den viel zu langsamen Fortschritt bei deren Wahrnehmung und Lösung – dieses drückende Unbehagen einfach zu verdrängen. Sie werden darin von einem gewissen Gefühl der Befriedigung und des Triumphes angesichts des Zusammenbruchs der östlichen Kommendowirtschaften unterstützt, durch den doch, wie sie glauben, sich nun eindeutig erwiesen zu haben scheint, daß unser westliches Wirtschaftssystem die beste Möglichkeit darstellt, die Menschen weltweit aus ihrer Armut herauszuholen und auch ‚ausreichend' zu beglücken. Es gelte jetzt nur, wie sie meinen, die in den ärmeren Ländern für eine wirtschaftliche Wende nötigen Investitionen allerseits mit höchster Dringlichkeit zu tätigen und die dafür nötigen Geldmittel bereitzustellen. Ökologische Fragen müßten bei dieser enormen Anstrengung allerdings zunächst zurücktreten. Sie könnten, so glaubt man, erst dann wirkungsvoll aufgenommen werden, wenn diese Länder sich über ein Wachstum ihrer Volkswirtschaft ein ausreichend hohes eigenes Bruttosozialprodukt erarbeitet haben, um die dafür zusätzlichen hohen Kosten aufbringen zu können.

Diese letztere Betrachtungsweise ist jedoch kurzsichtig und irreführend, da hierbei Umweltschutz wieder nur als großer Reparaturbetrieb gesehen und interpretiert wird. Selbstverständlich müssen überall – und besonders in den sich öffnenden industrialisierten Staaten Mittel- und Osteuropas – große Anstrengungen gemacht werden, um hochgefährliche Altlasten zu entschärfen oder unschädlich zu machen – kein leichtes Unterfangen, wenn man dabei nicht einfach an eine geographische Verlagerung der Probleme denkt. *Aber:* Wir müssen dabei immer im Auge behalten, daß jegliche verstärkte Aktivität – aufgrund des Entropiesatzes – notwendig wieder irgendwo zusätzliche Zerstörung erzeugt. Ein Ausweg aus diesem Dilemma kann deshalb letztlich nur darin bestehen, mit großer Intensität sich an den *Aufbau* und, in den industrialisierten Ländern des Westens, an einen entsprechenden *Umbau* der Produktions- und Wirtschaftsformen zu machen, um diese Schäden von vornherein zu *vermeiden*. Wir mögen von einer praktischen Realisierung solcher Ideen noch weit entfernt sein. Wenn jedoch – wie immer wieder gesagt wird – die Utopien von gestern die Realitäten von heute sind, so gilt auch gleichermaßen, daß den Realitäten von morgen Utopien von heute vorausgehen müssen. Das eigentliche Ziel darf sich nicht nur auf einen möglichst breitgefächerten, nachbessernden Umweltschutz beschränken, sondern muß eine allgemeine Umstellung auf eine *ökologisch nachhaltige Wirtschaftweise* sein. Dies bedeutet, daß wir in den reichen Industriestaaten des Nordens uns *etwas Neues* einfallen lassen müssen, um von unserer wachstumsfixierten Wirtschaftsweise herunterzukommen. Wir müssen in den reichen Ländern dringend Vorbilder für ein Wirtschaften schaffen, das auch die übrigen armen Dreiviertel der Menschheit – zu ihrem eigenen Vorteile und vor allem zur Erlangung eines menschenwürdigen Lebensstandards – praktizieren können, ohne die Vitalität und Produktionsfähigkeit unserer Erde, auf deren Grundlage wir nur existieren können, unumkehrbar zu beschädigen.

Die augenblicklich dominierende westliche Wirtschaftsform steht offensichtlich im krassem Widerspruch zu einem Wirtschaftsstil, der die Vitalität und Produktionsfähigkeit unserer Ökosphäre zu bewahren sucht. Auch nimmt die rechtliche Verfassung unserer Gesellschaft die natürliche Mitwelt des Menschen als wesentliches Lebensgut nicht wahr. Es erscheint hier dringend geboten, die Freiheit des Menschen geeignet einzuschränken und sie stärker an eine entsprechende Verantwortung zu binden. Dies soll nicht heißen, daß eine Harmonisierung zwischen ökonomischen und ökologischen Forderungen durch dirigistische Maßnahmen – etwa durch das Instrumentarium einer Ökodiktatur, die keiner will und wollen kann – wirkungsvoll erreicht werden kann. Im Gegenteil: Die ‚Natur' lehrt uns eindrücklich, daß nur dynamische, nach dem Prinzip von ‚Versuch und Irrtum' über Selbstorganisation sich einstellende Ordnungsstrukturen den hohen Grad an Flexibilität und Anpassungsfähigkeit erreichen können, die zur effizienten Erfüllung der komplexen äußeren Anforderungen und Aufgaben notwendig sind.

Gefragt ist eine rechtliche Verfassung, die auf allen Ebenen rechtlichen Handelns – Legislative, Exekutive, Judikative – den Schutz der natürlichen Mitwelt *um ihrer selbst willen* festlegt. Sie muß weiterhin dafür sorgen, daß der Entfaltungsmöglichkeit des einzelnen ökologische Schranken gezogen werden. Eine solche ökologische Grundrechtsschranke muß für alle verbindlich klarstellen, daß die freie Entfaltung der

Persönlichkeit nicht nur, wie bisher etwa im Artikel 2 Abs. 1 unseres Grundgesetzes, ihre Grenze an den Rechten anderer, der verfassungsmäßigen Ordnung und dem Sittengesetz findet. Künftig muß die freie Entfaltung des Menschen von verfassungswegen auch dort enden, wo sie die natürlichen Lebensgrundlagen in einer Weise untergräbt, daß ihre Regenerationsfähigkeit (resilience) überfordert und ihre Nachhaltigkeit (sustainability) beeinträchtigt wird.

Gefragt ist vielmehr eine Wirtschaft, deren Rahmenbedingungen und Spielregeln derart gewählt werden, daß in dem von ihnen zugelassenen freien Spiel der Kräfte eine Optimierung der gewünschten Werte erreicht werden kann. Die Einführung solcher Rahmenbedingungen steht *nicht* im Widerspruch zur Vorstellung einer ‚freien Marktwirtschaft' in der üblichen Bedeutung, weil Freiheit nie von Verantwortung entkoppelt werden kann. Auch die bisher üblichen Marktmechanismen sind ja nicht ‚frei' im Sinne von ‚willkürlich', da sie sich an gewisse Normen – so vor allem die Menschenrechte und andere Gesetze von Recht und Ordnung – halten müssen. Es ist dringend geboten, hier *weitere Forderungen* zu erheben, um wenigstens die verbal schon immer laut proklamierten Bedingungen des Generationenvertrags zu erfüllen, der uns doch verpflichtet, nach Möglichkeit unseren Kindern keine minderwertigere Erde als die von unseren Eltern übernommene zu hinterlassen. Darüber hinaus sollten wir selbstverständlich auch sicherstellen, daß wir den Ast, auf dem die Menschheit sitzt – und dessen Stabilität durch das hochempfindliche und komplexe Zusammenwirken aller Komponenten der Ökosphäre der Erde (ihrer Lithosphäre, Hydrosphäre und Atmosphäre, sowie ihrer Biosphäre) gewährleistet ist – nicht kurzfristiger Vorteile willen selbst absägen. Es ist dringend notwendig, daß wir uns ernste Gedanken darüber machen, *wie* solche neuen Rahmenbedingungen aussehen könnten, um der berühmten ‚unsichtbaren Hand' der Wirtschaft, die aus einsichtigen Motiven so leicht und gerne zunächst die eigene Tasche füllt, über die kurzfristigen Egoismen hinaus auch etwas *Vernunft* beizubringen, welche in einer langfristigen Überlebensstrategie und eben einer ‚nachhaltigen Wirtschaftsweise' zum Ausdruck kommt. Klar dabei ist nur, daß solche neuen Rahmenbedingungen notwendig die bisher ‚äußere Natur' in geeigneter Form in die Wirtschaft einbeziehen muß, wobei verhindert werden sollte, daß dabei das *vielfältige Wertesystem* der ‚natürlichen Ordnungsstrukturen' nicht der *einfältigen*, eindimensionalen Werteskala der Wirtschaft, nämlich dem durch Geld bemessenen Tauschwert, geopfert wird.

So gut und überzeugend die Forderung nach einem ‚Nachhaltigen Wirtschaften' auch klingen mag, so bereitet dieses doch – wie jeder weiß, der sich einmal mit den damit verbundenen Fragen befaßt hat – erhebliche Schwierigkeiten, wenn wir präzise beschreiben sollen, was wir nun eigentlich praktisch darunter verstehen. Es erscheint prinzipiell unmöglich, den Begriff der ‚Nachhaltigkeit' genügend zu konkretisieren, um ihn etwa in Form eines allgemeinen Rezeptbuches für alle Interessenten anwendbar zu machen. Das hat nicht nur mit einer augenblicklichen Unkenntnis zu tun, die etwa durch weitere Forschung und Expertisen ausgeräumt werden könnten, sondern ist von einer prinzipiellen Art. Genau betrachtet sind wir dabei als Menschen in keiner schlechteren Situation als die ‚Natur' selbst, die ja auch spielerisch ihre überlebensfähigen Lösungen finden muß. Nachhaltigkeit wird also nicht in der genauen Befolgung ganz bestimmter Rezepte, sondern durch eine *offene, aufmerksame, umsichtige, einfühlende, liebende Lebenseinstellung* erreicht. Da uns als modernen Menschen, die wir in der Mehrzahl in einer städtischen Umgebung und deshalb im Umfeld von vom Menschen geschaffenen, vergleichsweise ‚einfältigen' Erscheinungsformen und Strukturen, aufgewachsen sind, die Sensibilität für die hochvernetzte, natürliche ‚Vielfalt' verloren gegangen ist, müssen für uns geeignete ‚Übungsfelder' geschaffen werden, um diese Talente – von denen wir vermuten oder hoffen können, daß sie immer noch (als Erinnerung aus der Vergangenheit unserer Menschheitsgeschichte) in uns schlummern – zu wecken und voll zu entfalten. Hier müßte eine umfassendes Programm zu *Umweltbildung* ansetzen.

11. Konkrete Beispiele

Was ‚Nachhaltiges Wirtschaften' im Einzelnen konkret bedeuten soll und welche Maßnahmen letztlich dafür erforderlich sind, ist also kaum faßbar. Leichter ist es dagegen anzugeben, welche Maßnahmen und Verhaltensweisen ein solches Wirtschaften verschlechtern oder befördern werden. Wichtig wäre es vor allem, durch geeignete ‚Versuchsprojekte' diesbezüglich praktische Erfahrungen zu sammeln. Lassen Sie mich hierzu zum Schluß einige Beispiele aus meinem eigenen Wirkungsbereich des *Global Challenges Network (GCN)* anführen.

So wie durch die Einrichtung von ‚Naturschutzgebieten' oder ‚Nationalparks' die ‚Natur' in gewissen Regionen unserer Erde zur Bewahrung ihrer natürlichen Vielfalt und Eigengesetzlichkeit, weitgehend von menschlichen Eingriffen abgeschirmt wird, so sollten unserer Auffassung nach zusätzlich und in noch größerem Umfange auf ähnliche Weise geeignet geschützte ‚*Kulturlandschaften*' ausgewiesen werden. Aus diesen sollten die Menschen nicht verbannt, sondern die Möglichkeit geboten werden, ein harmonisches Zusammenwirken mit der Natur – bei der sie die Natur nutzen, ohne sie zu verbrauchen – wieder auszuprobieren und zu erlernen. Als geeignetes Erprobungsgebiet für eine solche Maßnahme wurde von *GCN* der Grenzstreifen entlang des früheren ‚Eisernen Vorhangs', der sich ‚von Finnland bis zum Bosporus' erstreckt, vorgeschlagen. Als ehemaliges militärisches Sperrgebiet während über 40 Jahren befindet sich nämlich dieses Gebiet ökologisch in einem besonders gutem Zustand und bietet sich deshalb hervorragend als ‚ökologisches Rückgrat Europas' an. Durch eine von *Hanns Langer* vom *GCN* im März 1990 begründete Initiative ‚*Ökologische Bausteine für unser gemeinsames Haus Europa*', dem heute schon über 80 Umwelt- und Naturschutzgruppen in West-, Mittel- und Osteuropa angehören, wurden in diesem Grenzstreifen 24 ‚Ökologische Bausteine' identifiziert und dokumentiert. Sie sollen einer von *GCN* initiierten und im Oktober 1991 in Prag gegründeten ‚*Europäischen Stiftung für Natur- und Kulturver-*

mögen' – durch Verträge mit den jeweils hoheitlich zuständigen Staaten – ökologisch ‚unterstellt' werden, um in diesen Gebieten eine ökologisch verträgliche gewerbliche, land- und forstwirtschaftliche Nutzung zu gewährleisten.

Ähnliche Vorhaben gibt es auch in anderen Teilen der Welt, so z. B. in China, das die Vietnam vorgelagerte und militärisch früher teilweise gesperrte chinesische Insel Hainan im südchinesischen Meer zu einer ‚special economic zone' erklärt hat und dort, unter Mitwirkung eines ‚International Advisory Council on the Economic Development of Hainan in Harmony with the Natural Environment', eine ökologisch nachhaltige ökonomische Entwicklung praktisch erproben will.

Bei allen Initiativen, welche ‚Nachhaltiges Wirtschaften' einzuführen und zu erproben versuchen, stoßen wir jedoch auf die fast unüberwindliche Schwierigkeit, solche Vorstellungen und Maßnahmen auch im augenblicklich gesellschaftlichen und politischem Umfeld *praktisch* durchzusetzen. Daß solche Schwierigkeiten auftreten, ist unmittelbar verständlich. Denn beim ‚nachhaltigen Wirtschaften' muß doch von den Menschen verlangt werden, kurzfristige handfeste Vorteile zu Gunsten gewisser langfristiger ‚Vorteile' aufzugeben, wobei solche ‚Vorteile' – obgleich von gewissen ‚Weitsichtigen' eloquent und glaubhaft als solche ausgewiesen und für unser Überleben mit hoher Wahrscheinlichkeit als unabdingbar bezeichnet – für die meisten rein theoretische Konstruktionen bleiben, die sich ihrer direkten Erfahrung und Einsicht fast vollkommen entziehen. Warum sollten auch solche warnenden Stimmen irgendjemand in unserer fortschrittsgläubigen Welt aufhorchen lassen und beeindrucken, in der der Mensch fast alles für unmittelbar machbar und lösbar hält oder, bei besonders schwierigen Aufgaben, eine Lösung wenigstens nach Ablauf relativ kurzer Zeitperioden – in denen durch geeignete wissenschaftliche Forschungen und technische Entwicklungen alle Schwierigkeiten aus dem Wege geräumt werden – mit Gewißheit erwartet. Das ist aber noch nicht alles: Die Einführung geeigneter Rahmenbedingungen, welche in unseren Gesellschaften einer ‚Nachhaltigen Wirtschaft' eine reelle Durchsetzungs-Chance zu geben erlauben, verlangen auch im allgemeinen, gegen alle die vielfältigen, in den industrialisierten Ländern gewachsenen *Machtstrukturen* ankämpfen zu müssen, da deren Reichtum und Macht ja zu wesentlichen Teilen aus ihrem ‚Nicht-nachhaltigen Wirtschaftsverhalten' resultieren.

Trotz dieser extrem ungünstigen Kräfte- und Mächtekonstellation sollten wir dieses Ringen um bessere Einsichten und deren Durchsetzung nicht vorzeitig als hoffnungslos aufgeben, sondern sorgfältig nach geeigneten ‚Katalysatoren' suchen. So erscheinen mir die Fragen der Energieversorgung und -nutzung für die umfassende Problematik einer ‚Nachhaltigen Wirtschaft' als Einstieg nicht nur für ein besseres Verständnis, sondern auch für die praktische Umsetzung hervorragend geeignet zu sein.

Nach heutigen groben Abschätzungen über die ökologische Tragfähigkeit unseres irdischen Ökosystems erscheint es plausibel, daß bei einer gleichverteilten Nutzung der ‚Natur' auf unserer Erde durch die derzeitig etwa 5,4 Milliarden Menschen aufgrund der Begrenztheit der Energieressourcen und der Umweltbelastung durch Folgeprodukte etwa ein mittlerer Energieverbrauch pro Kopf von etwa 1,5 kW, also 1,5 Kilowattstunden pro Stunde bzw. 13 000 Kilowattstunden oder 1300 Liter Erdöl oder 1,6 Tonnen Steinkohlen pro Jahr, noch zulässig sein könnte. Dies muß mit dem knapp 6 kW pro Kopf-Verbrauch eines Mitteleuropäers oder den 11 kW eines US-Amerikaners verglichen werden. Es erscheint mir politisch nicht unmöglich, daß in Deutschland oder auch in der Europäischen Gemeinschaft *nach umfassender Aufklärung der Bevölkerung* eine geeignete *Sonderabgabe auf nicht-erneuerbare Energieressourcen*, wie etwa Kohle, Erdöl, Erdgas politisch durchgesetzt werden kann, so daß deren Marktpreis sich in den nächsten 15–20 Jahren stetig wachsend auf etwa das *Drei- bis Vierfache* ihres jetzigen Preises erhöhen würde, *vorausgesetzt*, daß dabei die zusätzlich eingezogenen Gelder in einer geeigneten, die Nachhaltigkeit weiter unterstützenden Weise wieder an die Verbraucher *zurückfließen*. Eine solche Maßnahme könnte eine entscheidende Wende in unserer Wirtschaftsweise bewirken. Sie würde in der Folge nicht nur den gesamten Primärenergieverbrauch senken, sondern insgesamt den Umsatz von ‚Material' dämpfen, wodurch eine erhebliche Verminderung des Schadstoffausstosses resultieren würde. Außerdem würde durch eine dadurch letztlich bedingte *Verteuerung des Transports* auch eine räumliche Dezentralisierung von Produktion, Handel und Gewerbe wesentlich begünstigt werden, was wiederum die Bewahrung und Entwicklung eigenständiger wirtschaftlicher und kultureller Strukturen fördern würde mit allen ihren positiven Konsequenzen bezüglich größerer Unabhängigkeit der spontan kommunikationsfähigen Lebenseinheiten (etwa der Regionen) und höherer Lebensqualität (in einem tieferen Sinne) ihrer Menschen.

Im Gegensatz zu dieser optimistischen Vorstellung halten die meisten jedoch eine solche Maßnahme einer Energieverteuerung für politisch *undurchführbar*, weil sie glauben, daß dies *notwendig* eine *globale* Einführung erfordern würde, um lokale Benachteiligungen und Wettbewerbsverzerrungen zu vermeiden. Meines Erachtens ist jedoch der Erfolg einer Energie-Sonderabgabe für ihre Initiatoren *nicht* notwendig an eine weltweite Einführung gekoppelt. Denn bei dem geschilderten Vorgehen würden einerseits kompensierende Vergünstigungen durch das rücklaufende Geld die Nachteile wesentlich mindern helfen, andererseits aber – und dies ist wohl das Entscheidendere – würden die dadurch stimulierten, kräftigen Entwicklungen intelligenter Energieerzeugungs- und Energienutzungstechnologien, von denen viele als entwicklungsreife Pläne ungenutzt in diversen Schubladen verstauben, für die Pioniere einen zukunftsträchtigen Markt mit enormen langfristigen Vorteilen erschließen. Wichtig wäre es allerdings, der Bevölkerung klar zu machen, daß es sich bei diesen Sonderabgaben *nicht* um neue *Steuern* zur Finanzierung irgendwelcher anderweitiger Staatsausgaben (etwa zur Finanzierung der wirtschaftlichen Entwicklung der Neuen Bundesländer, so wichtig eine solche klarerweise auch sein mag) handelt, sondern um ein ‚Abhalte-Anreiz-Steuerungsinstrument', bei dem, bei richtiger Einstellung, für sie kaum eine finanzielle Verschlechterung eintreten sollte. Es wäre wichtig, durch detaillierte Auflistung und Veröffentlichung der Energieaufwendungen der wichtigsten Verbrauchsgüter (in derem gesamten ‚Lebens'-Zyklus) dem einzelnen Menschen die Möglichkeit zu bieten, sich nach eigenen Bewertungen sein persönliches ‚Energie-Menü' im Rahmen seines mittleren 1,5 kW-Energie-Leistungsbudgets zusammenzustellen und damit einen ersten und wichtigen Schritt in Richtung eines ökologisch verträglichen Lebensstils zu tun. Viele – da bin ich überzeugt – würden wohl mit Erleichterung feststellen, daß eine solche Energiebeschränkung, die zweifellos an manchen Stellen einschneidende Änderungen lieber Gewohnheiten und dementsprechend auch empfindliche Opfer verlangt, *keineswegs* von uns erfordert, künftig in ‚Sack und Asche' zu vegetieren, sondern im besten Sinne ein *sinnerfülltes, lust- und freudvolles Leben* zuläßt.

Eine wesentliche Voraussetzung für einen ökologisch nachhaltigen Lebensstil – und dies nicht nur aus energetischen Gründen – wird eine Änderung unseres Mobilitätsverhaltens erfordern. Im Zusammenhang mit der anstehenden wirtschaftlichen Entwicklung der Neuen Bundesländer und der mittel- und osteuropäischen Staaten des früheren Ostblocks ergibt sich hierbei prinzipiell die einmalige Chance für den Aufbau eines zukunftsträchtigen ‚*sozial- und umweltverträglichen Verkehrssystems*'. Auch hierbei ist *GCN* mit einem Pilotprojekt beteiligt.

Ganz allgemein läßt sich sagen: Eine äußere Natur, die nicht wie bisher kostenlos ist, hat aufgrund der üblichen Marktmechanismen bei geschickter Verwendung des Preisinstruments bestimmt eine bessere Chance, nicht mehr rücksichtslos ausgebeutet zu werden.

Offensichtlich werden mit Projekten dieser oder ähnlicher Art nur winzige erste Schritte in Richtung auf ein nachhaltiges Wirtschaften gemacht. Immerhin *ist* dies in unseren Augen ein Anfang. Viele weitere und wesentlich größere Schritte müssen selbstverständlich folgen, um den großen *globalen Herausforderungen (global challenges)* unserer Zeit gerecht zu werden. Langfristig kann uns dabei nur eine parallel zu diesen praktischen Maßnahmen laufende Bewußtseinsänderung und eine damit verbundene Änderung unseres heutigen Lebensstils entscheidend weiterbringen.

Die Frage wird allerdings bleiben, ob uns für alle diese Unternehmungen die Zeit reichen wird. Ich weiß es nicht und niemand kann es wissen. Doch erinnern wir uns: Die Natur ist kein mechanisches Uhrwerk, das uns zum Fatalismus verurteilt. Die Zukunft ist offen.

Handeln wir deshalb so, als ob noch alles möglich wäre.

Naturwissenschaft und Poesie –
Begreifen und Spiegeln der Wirklichkeit

1. Einleitung

Ich liebe es, die Grenzen meines eigenen Faches zu überschreiten. Aber ich tue dies nicht in dem arroganten Glauben,
ich könnte mit meinem beschränkten naturwissenschaftlichen Wissen in allen anderen Gebieten uneingeschränkt va-
gabundieren und dort gleichrangig mit den Eingesessenen
mitreden oder sogar ihnen und anderen etwas aufregend
Neues anbieten. Ich wage mich vielmehr so frech in andere
Gebiete vor, um mir der Besonderheit meines eigenen Fachgebiets und vor allem dessen Grenzen besser bewußt zu werden. Denn wir lernen doch unser eigenes Terrain eigentlich
erst richtig kennen, wenn wir einige Zeit in die Fremde gehen
und mit den dort gewonnenen Erfahrungen – so oberflächlich
sie auch zunächst immer sein mögen – das uns bisher Gewohnte mit neuen Augen von außen betrachten.

Ich bin mir voll bewußt, daß eine Grenzüberschreitung von
der *Naturwissenschaft* zur *Poesie*, zur Dichtkunst oder sogar
zur Kunst im allgemeinen, nicht einfach nur die Überschrei-
tung einer Trennungslinie zwischen zwei verschiedenartigen
Territorien bedeutet, sondern daß es sich hierbei um zwei
grundsätzlich verschiedene Betrachtungsweisen handelt, die
in gewisser Weise *komplementär* zueinander stehen. Es ist
diese Vermutung der Komplementarität zwischen Wissenschaft im allgemeinen und Naturwissenschaft im besonderen
einerseits und der poetischen Betrachtungsweise andererseits,
die mich veranlaßt hat, über dieses Thema zu reflektieren.
Denn es waren revolutionäre Erfahrungen in der Physik in den
zwanziger Jahren unseres Jahrhunderts, die uns Naturwissen-

schaftler unmißverständlich auf die Bedeutung gewisser Komplementaritäten in der Beschreibung der Natur hinwies. Diese, insbesondere von Niels Bohr betonte neuartige Komplementarität, geht wesentlich über den früher schon verwendeten Begriff hinaus, da sie mehr grundsätzlicher Art ist und auf einsichtige und mathematisch schlüssige Weise keine ‚Auflösung' durch ein zukünftiges weiterentwickeltes Wissenschaftsverständnis erwarten läßt. Diese tiefere Einsicht hat die Physiker zu einem wesentlichen Umdenken geführt und der Physik ein neues Paradigma beschert. Die Physiker mußten nämlich feststellen, daß es in der Betrachtung der Phänomene der Wirklichkeit *verschiedene* gleichwertige Beschreibungsformen gibt, die trotz ihrer prinzipiellen Konsistenz auf einer abstrakten Ebene in unserer gewohnten Vorstellung als miteinander unverträglich erscheinen. Es zeigte sich, daß die Wirklichkeit oder das, was wir gerne als Wirklichkeit bezeichnen und beschreiben, in ihrer Form und Struktur wesentlich von den Methoden und Instrumenten abhängt, mit deren Hilfe wir eben diese Wirklichkeit wahrnehmen.

2. Komplementarität

Offensichtlich hängen die naturwissenschaftliche und poetische Betrachtung mit grundsätzlich verschiedenen Möglichkeiten menschlicher Erfahrung zusammen. Sie führen zu Ausdrucksformen, die sich nicht auf einfache Weise miteinander vergleichen und ineinander überführen lassen. Es besteht zwischen ihnen keine Rangordnung in dem Sinne, daß die eine wichtiger oder höherrangig sei als die andere. Beide Ausdrucksformen haben ihre prinzipielle und wesentliche Bedeutung in unserem Leben. Keine kann die andere wirklich ersetzen. Vielmehr ergänzen sie sich auf eine äußerst fruchtbare Weise. Es stellt sich also nicht die Frage eines Entweder/Oder, sondern jedenfalls die eines Sowohl/Als-auch. Es erscheint, daß diese Betrachtungsweisen in gewisser Weise in

Beziehung stehen zu einer Komplementarität, die ich einmal mit dem Begriffspaar ,Exaktheit und Relevanz' oder ,Schärfe und Bedeutsamkeit' bezeichnen möchte.

In unserer heutigen Gesellschaft hat Exaktheit, die Schärfe etwa einer Aussage, einen sehr hohen Wert. Wir verlangen bei unserer Wahrheitsfindung, daß sie zu eindeutigen Feststellungen führt. Wir übersehen dabei, daß, wegen der komplexen Struktur unserer Wirklichkeit, Eindeutigkeit, Exaktheit, Schärfe eigentlich nur mit einer *Isolation* des herausgegriffenen Sachverhalts erreicht werden kann. Isolation bedeutet notwendig eine Lostrennung vom kausalen Umfeld, eine Durchschneidung von Beziehungen zur Umgebung, in dem dieser Sachverhalt in der tatsächlichen – und nicht nur gedanklich vorgestellten oder konstruierten – Erfahrung festgestellt wird. Mit der fortschreitenden Herauslösung aus dem Kontext geht aber zunehmend die Möglichkeit einer Bewertung verloren. Exaktheit wird somit im allgemeinen mit einer Verminderung der Bewertbarkeit und damit auch seiner Relevanz erkauft. Dies ist der Vorteil und das Problem einer naturwissenschaftlichen Betrachtung. Relevanz, Bedeutsamkeit eines Sachverhalts wird nur sichtbar, wenn ich meinen Blick nicht auf ein Detail fokussiere oder ein Detail herausgreife, sondern vielmehr das ganze Bedeutungsfeld oder Assoziationsfeld des Sachverhaltes mit in meine Betrachtung einbeziehe. Dies entspricht aber mehr einer poetischen Betrachtung. Mit der Preisgabe der Schärfe, der geringeren Beachtung des isolierten Details kommt in gleichem Maße die Gestalt, die Beziehungsstruktur besser zum Ausdruck. Hier liegt die Betonung nicht mehr auf einer Beschreibung der einzelnen Objekte, sondern auf deren Einbettung in einen größeren Zusammenhang, gewissermaßen auf der Landschaft oder *Topologie*, in der sie vorkommen. Das Streben nach Exaktheit versucht, die Erscheinungen der Wirklichkeit zu ,begreifen', und dies manchmal sogar in einem mehr wörtlichen Sinne, d. h. wir suchen sie ,in den Griff' zu bekommen. Um eine Gestalt wahrzunehmen, versuche ich nicht, nach dieser zu greifen. Ich lasse vielmehr meinen Blick fast unbeteiligt darüber hinwegstreifen. Ich versuche nicht *einzugreifen*, sondern die Wirklichkeit auf mannigfache Art und Weise in meinem Bewußtsein zu *spiegeln*. Meine Haltung entspricht einer ‚aufmerksamen Hingabe', einem ‚floating in alertness'. Statt zu begreifen, komme ich hier zu einer Vertrautheit mit der Wirklichkeit, die wir wohl als ‚Verständnis' bezeichnen könnten. ‚Begreifen' und ‚Verstehen' stehen sich wie die Teile zum Ganzen oder das Objekt zur Gestalt gegenüber.

Unsere bewußte Erfahrung wird heute durch eine analytisch-naturwissenschaftliche Betrachtung dominiert, die wesentlich von einem begrifflichen Denken unterstützt wird. Wir erleben die Wirklichkeit als ein kompliziertes System von unendlich vielen Objekten. Um diese Wirklicheit zu begreifen, versuchen wir, sie in ihre ‚Bausteine' zu zerlegen. Diese Bausteine sind Dinge, dingliche Objekte. Wir erfahren deshalb bei dieser Betrachtungweise die Wirklichkeit als ‚Realität', als aus Dingen zusammengesetzte Wirklichkeit. Das Ganze der Wirklichkeit begreifen wir als Summe von dinglichen Teilen. Auch unser Denken strukturieren wir entsprechend dieser Erfahrung. Wir denken, indem wir zerlegen, indem wir fragmentieren, indem wir analysieren. Wir denken in Begriffen, d. h. in Formen, die wir ‚begreifen' können. Unser Denken hat sich im Umgang mit unserer täglichen Umwelt entwickelt. In gewisser Weise ist Denken imaginäres erfolgreiches Handeln, abstraktes Handeln, ein Als-ob-Handeln in der uns geläufigen menschenweltlichen Umgebung, dem ‚Mesokosmos' unserer Wirklichkeit. Unser Denken hat deshalb die Beziehungsstruktur des Handelns, das einer lokalen Wirkungsübertragung entspricht. Es ist fokussiert, spezialisiert, es ist aussondernd und auswählend, es beinhaltet eine umfassende Unterdrückung von allem, was im Augenblick unwesentlich erscheint. Es unterliegt dem Diktat des Entweder/Oder, erzwingt Entscheidungen. Die Fähigkeit zum Denken im Sinne eines Als-ob-Handelns war entwicklungsgeschichtlich von allerhöchster Bedeutung. Anstatt auf der Suche nach möglichen neuen Lebensweisen diese auch real austesten und ausleben zu müssen mit dem großen Risiko eines tödlichen Scheiterns, hatte der Mensch nun prinzipiell die Chance, solche

– aufgrund seiner ‚natürlich beliebig unwahrscheinlichen‘, höchstdifferenzierten Struktur für ihn hochgefährlichen – Testläufe zunächst einmal nur gedanklich zu erproben. Eine Fehleinschätzung führte in diesem Fall nur zum Abbruch eines Gedankens und nicht mehr zum Tod des Individuums. Es ist verständlich, daß auf diese Weise der Mensch gegenüber anderen Kreaturen ähnlich hoher Entwicklungsstufe eine wesentlich verbesserte Überlebensfähigkeit entwickeln konnte.

Ein Denken, das auf diese Weise zu einer besseren Überlebenschance des Menschen in seinem zwischen dem Mikrokosmos und Makrokosmos angesiedelten Mesokosmos geführt hat, ist zunächst nicht prädestiniert für ein besseres Verständnis, für ein besseres Verstehen der Wirklichkeit an sich. Denn dieses Denken, um Handlungsfähigkeit vorzubereiten, abstrahiert in hohem Maße von der wechselseitigen Abhängigkeit der uns umgebenden Objekte und der verschiedenen Komponenten der Wirklichkeit. Dieses Denken konzentriert sich auf eine Beschreibungsart der Wirklichkeit, die danach strebt, vom jeweiligen *Akteur* nach Möglichkeit unabhängig zu werden. Sie hat ‚Objektivität‘ zum Ziel. Sie möchte die Wirklichkeit in einer Form beschreiben, die sich für einen leichten Austausch, für direkte Kommunikation zwischen Menschen optimal eignet. Das von dem jeweils Erlebenden, vom Beobachter lösgelöste Objekt erscheint hier als eine solide begriffliche Basis. Daß eine solche Isolation und Loslösung des beobachtenten Objekts vom beobachtenden Subjekt in unserer Mesowelt in hohem Grade erfolgreich möglich ist, hat wesentlich zum großen Erfolg dieser Betrachtungsweise beigetragen.

Die poetische Betrachtung ist im Gegensatz dazu von einer ganz anderen Art. Sie knüpft an eine viel tiefere Erfahrungsschicht an. Hinter unserem aufgeweckten, hellen Bewußtsein und einer aufmerksamen Wahrnehmung schlummert eine viel allgemeinere Erfahrung, die wir vielleicht mit ‚Gewahrsein‘ oder ‚Ahnung‘ beschreiben könnten, wenn wir diese Begriffe in ihrer offensten, ‚vorbegrifflichen‘ Bedeutung verwenden. Diese Erfahrung hat eine ganz andere Qualität, da sie noch keine scharfe Abtrennung unseres bewußten Ichs von der Gesamtwirklichkeit, was immer wir darunter verstehen, voraussetzt. Die Poesie kann vielleicht als ein Versuch verstanden werden, diese primäre Erfahrung – die wir manchmal ganz unzureichend, weil gegenüber dem Wissen abwertend, als *Vorwissen* bezeichnen – in eine begriffliche Sprache zu fassen, sie also mit Bildern zu beschreiben, die wir direkt unserer täglichen Anschauung entlehnen. Die Sprache ist in diesem Falle nicht eigentlich *begrifflich* in dem Sinne, daß den verwendeten Worten scharfe Definitionen zugeordnet sind, sondern vielmehr *symbolisch*. Die Sprache versucht zu deuten, sie zeigt auf etwas, was mit Sprache eigentlich nicht ausgedrückt werden kann. Sie entspricht einer Aufforderung, den eigentlichen Sinn des Ausgesagten aus dem Untergrund unserer eigenen, großteils unbewußten Erfahrung nachzuliefern, ihn eigens nachzuschöpfen. Wir werden bei dieser symbolischen Sprechweise nichts verstehen, wenn wir unser Augenmerk auf den deutenden Finger richten, anstatt durch eigene Anstrengung, durch intuitive Versenkung zu versuchen, dem zeigenden Finger folgend, in die große offene Landschaft zu sehen, in die er zeigt. Die poetische Sprache versucht, das Licht, das in uns von innen kommt, in verschiedene Regionen zu spiegeln, die uns begrifflich zugänglich sind. Das Eigentliche, was dahintersteht, kann prinzipiell nicht ausgedrückt werden. Durch mannigfache Spiegelung kann Poesie bewirken, die Topologie, die Beziehungsstruktur von Wirklichkeit aufzuhellen. Hierbei erleichtert Unschärfe die Gestaltswahrnehmung, Verfremdung verhindert, daß das Gesagte wörtlich genommen wird. Andererseits erschwert diese Unschärfe eine ‚genaue Vermittlung der Vorstellungen'. Eine richtige Einstimmung erfordert hohe Kunst. Wenn sie gelingt, ist die Erfahrung, die sie vermittelt, weit umfassender und wesentlicher als analytische Erfahrung. Sie vermittelt nicht nur Kenntnisse und Tatsachen, sondern ganzheitliche Aussagen, Sinn.

3. Einfachheit und Komplexität

Die für uns erfahrbare Wirklichkeit ist außerordentlich komplex. Komplex soll hierbei mehr bedeuten als nur kompliziert. Unter komplex möchte ich eine verfilzte Struktur verstehen, bei der *alles mit allem zusammenhängt*. Das ist tiefgründiger gemeint als in der üblichen Sprechweise. Ein Wollknäuel zum Beispiel könnte man als eine nur komplizierte Struktur bezeichnen, die zunächst undurchdringlich und ungeordnet erscheint, aber, wenn ich einmal den Anfang des Fadens gefunden habe, sich ohne Schwierigkeit vollständig aufdröseln und abwickeln läßt. Eine komplexe Struktur würde sich ergeben, wenn der Faden mit den danebenliegenden unterliegenden Schichten auf vielfache Weise verfilzt wäre. Komplexe Strukturen sind also Strukturen, die sich nicht ohne Einbußen auf einfachere Strukturen zurückführen lassen. Sie beinhalten eine höhere Ordnungsstruktur, bei der *das Ganze mehr ist als die Summe der Teile*. In der modernen Physik kommt diese empfindliche Zusammengehörigkeit z. B. in der ,Kohärenz' interferierender Wellen zum Ausdruck.

Vielleicht sollte ich kurz erläutern, was ich unter Ordnungsstruktur verstehe. In unserer Alltagssprache hat Ordnung mehr mit Regelmäßigkeit und Übersichtlichkeit zu tun. Ich nenne ein Zimmer ordentlich, wenn alles an seinem Platz ist, wenn ich also ohne große Anstrengung mich in ihm orientieren und zurechtfinden kann. Der in diesem Sinne ,ordentliche Zustand' ist ein Ausnahmezustand, ein unwahrscheinlicher Zustand, der, wenn ich in diesem Zimmer herumhantiere, sehr schnell verlorengeht.

Diese geläufige Beobachtung einer Ordnungsverminderung gilt allgemein. Wir beobachten und benutzen sie z. B. beim Mischen eines Kartenspiels. Sie offenbart eine in der Natur eingeprägte Tendenz, die in der Physik im sog. ,Entropiesatz' oder dem ,Zweiten Hauptsatz der Thermodynamik' zum Ausdruck kommt, daß für geschlossene Systeme – grob gesagt – *im Laufe der Zeit Ordnung immer von alleine in Unordnung* übergeht und nie umgekehrt. Ich muß ordnend von außen eingreifen, wenn ich das Umgekehrte erreichen will. So verlangt etwa der ‚unnatürliche‘ Evolutionsprozeß auf unserer Erde zu immer ‚höher geordneten‘, höher differenzierteren Lebewesen die stetige ‚ordnende Hand‘ der (Syntropie oder negative Entropie einstrahlenden) Sonne.

Im gleichen umgangssprachlichen Sinne für ‚Ordnung‘ nennen wir zum Beispiel auch ein Einkristall ein hochgeordnetes System, weil uns die Kenntnis eines kleinen Teils des Kristalls erlaubt, den Überblick über das Ganze zu bekommen. Demgegenüber erscheint etwa das Riesenmolekül einer DNA-Doppelhelix in unseren Genen in dieser üblichen Sprechweise als ein extrem ungeordneter Haufen von Atomen. Andererseits ist klar, daß dieses DNA-Molekül ein Code für den Bau eines Lebewesen enthält. In diesem Sinne stellt es eine *hochkomplexe und hochdifferenzierte Ordnungsstruktur* dar, die weit über das hinausgeht, was ein Einkristall an ‚Ordnung‘ repräsentiert. Es reicht hier nicht aus, nur ein kleines Stück davon zu kennen, um eine Vorstellung von dem gesamten Molekül zu erhalten.

Um eine noch bessere Vorstellung von einer solchen höheren Ordnungsstruktur zu bekommen, ist vielleicht ein anderes Beispiel noch einleuchtender, nämlich, sagen wir einmal, ein Gedicht, konkret etwa das *Goethe*sche Gedicht ‚Grenzen der Menschheit‘. Offensichtlich hat solch ein Gedicht eine außerordentlich komplexe Struktur, durch die ein Dichter auf höchst subtile Weise eine wesentliche Aussage zu machen versucht. Allerdings setzt dies voraus, daß der Adressat lesen kann. Einem Analphabeten wird diese höhere Ordnungsstruktur verborgen bleiben. Dieses Gedicht würde auf ihn etwa wie ein Arrangement wirken, bei der die Buchstaben im ursprünglichen Gedicht alphabetisch gespiegelt werden, also im Sinne a nach z, b nach y etc. vertauscht sind. Für ihn ist dann das Gedicht nurmehr eine chaotische Anordnung von Symbolen, Buchstaben, Interpunktionszeichen und Lücken. Er mag über dieses Chaos bekümmert sein und wird vielleicht als ordnungsliebender Mensch etwas Ordnung hineinzubringen versuchen, indem er das Gedicht etwa nach Buchstaben ordnet, also alle a's in die erste Zeile, alle b's in die zweite Zeile und so fort. Er glaubt, auf diese Weise diese ganze Anordnung ordentlicher und übersichtlicher zu machen. Er wird vielleicht dieses neue Arrangement als eine große Tat empfinden, weil er es fertiggebracht hat, 67 n's hintereinander zu schreiben, wo im ursprünglichen Gedicht solche n's maximal nur doppelt vorkommen. In Wirklichkeit hat er selbstverständlich durch sein ‚Ordnen' das, was in dem Gedicht an ‚höherer Ordnungsstruktur' vorhanden war, praktisch völlig zerstört.

Mir erscheint die Aktivität dieses Analphabeten gewisse Ähnlichkeit mit einem Menschen zu haben, der sich die Natur ansieht und dort nur eine große Vielfalt von verschiedenartigen Formen und Organismen entdeckt und dabei das Gefühl hat, daß dies doch ziemlich verschwenderisch und ineffizient arrangiert ist. Mit seiner Technik glaubt dann dieser Mensch, hier eine wesentliche Verbesserung herbeizuführen, indem er die von ihm als vorteilhaft erachteten Optionen zu maximieren versucht, was etwa der Anhäufung der gleichen Buchstaben entsprechen würde. Er übersieht dabei, daß die Vielfalt der Natur nicht nur Buntheit bedeutet, sondern ein *Spiegelbild einer höheren Ordnungsstruktur* darstellt, die seinem einfältigen Geist noch verborgen ist. Die von ihm selbst entwickelte Technik hat für ihn allerdings den Vorteil, daß er sie in seiner Einfalt begreifen und entsprechend auch manipulieren kann.

Um die Komplexität einer höheren Ordnungsstruktur verständlich zu machen, kann man sich etwa vor Augen führen, wie wahrscheinlich oder besser: unwahrscheinlich eine bestimmte Anordnung ist. Bei einem Gedicht könnte man sich zum Beispiel fragen, wie oft man die in dem Gedicht auftretenden Symbole zusammen auf den Tisch werfen muß, so daß sich zufällig gerade die in dem Gedicht vorgegebene Anordnung der Symbole ergibt. Ich habe dies am Beispiel des Goethe-Gedichts einmal nachgerechnet, das aus 834 Symbolen – Groß- und Kleinbuchstaben, Interpunktionszeichen, Intervallen etc. – aufgebaut ist. Hier errechnet man, daß die Unwahrscheinlichkeit dieser speziellen Anordnung sich im Mittel nur einmal in 10^{1136} Fällen ergeben würde. Dies ist eine *extrem* kleine Wahrscheinlichkeit, wenn man beachtet, daß die Zahl der Atome im ganzen Weltall nur etwa eine Größenordnung von 10^{90} hat.

Dabei sollten wir beachten, daß dieses Goethe-Gedicht noch eine recht einfache Struktur besitzt, wenn wir zum Vergleich etwa die Struktur eines Lebewesens betrachten. Aus dieser Sicht erscheint es gänzlich unwahrscheinlich, daß sich in einer so kurzen Zeit von ‚nur' viereinhalb Milliarden Jahren seit Beginn der Erdgeschichte – und dies gegen den Haupttrend der Natur der Unordnungsvermehrung oder Entropiezunahme bzw. des Verlustes an Ordnungsenergie oder Syntropie – mit Hilfe der Sonnenlichteinstrahlung aus primitiven chemischen Verbindungen solch hochkomplexe und hochdifferenzierte Strukturen wie ein Mensch bilden konnten. Diese rasante Evolution war nur deshalb möglich, weil sich diese Strukturen in mehreren Schritten herausgebildet haben. Im Beispiel des Gedichtes hieße dies – wenn wir seine Entstehung gewissermaßen evolutionär und nicht als Produkt eines schöpferischen Geistes betrachten würden – daß sich am Anfang (durch Syntropiezufuhr) Linien zu einem Buchstaben formten, die dann in der Folge sich immer weiter differenzierten, um mehrere Buchstaben zu bilden. Eine Kombination dieser Buchstaben führte dann zu Worten, also einer Ordnungsstruktur, die durch einen einzelnen Buchstaben nicht realisiert werden kann. Die Worte bildeten Sätze und die Sätze dann Gedichte und so fort. Jedes Ordnungsniveau wurde sozusagen als Baustein für die nächste Stufe verwendet, wodurch das einmal erreichte Niveau gehalten werden konnte, also nicht wieder neu erklommen werden mußte.

Diese Vorgehensweise erinnert an einen Bergsteiger, der bei seiner Kletterei wegen seiner begrenzten Körperkraft (Syntropiezufuhr) unter geeigneter Ausnutzung der äußeren Gegebenheiten (Struktur der Felswand) und durch geschickte Auswahl seiner Tritte sorgfältig darauf achten muß, seine jeweils erreichte Höhe abzusichern und als Ausgangspunkt für den nächsten Schritt zu verwenden. Nur hierdurch gelingt es ihm letztlich, gegen die natürliche, ihn dauernd nach unten ziehende Schwerkraft in kurzer Zeit so große Höhen zu erreichen.

Die genannten Beispiele sollten als Erklärung dienen, was wir unter Komplexität und höheren Ordnungsstrukturen verstehen. Die Aufgabe der Naturwissenschaft ist es nun, hinter dieser Komplexität das Einfache zu finden. Der Erfolg der Naturwissenschaft beruht darauf, die Komplexität näherungsweise als *Kompliziertheit* zu interpretieren und dann einen Weg anzugeben, wie diese Kompliziertheit auf etwas Einfacheres reduziert werden kann. Die Methode, die dabei angewendet wird, ist die der Analyse, der Zerlegung, der Fragmentierung. Die Wirklichkeit hat nun anscheinend eine Struktur, die *in gewisser Näherung* eine solche Zerlegung erlaubt. Darauf beruht die Möglichkeit, die Wirklichkeit als ,Realität', d. h. als ein Ensemble von Objekten zu betrachten und der durchschlagende Erfolg der Naturwissenschaft und Technik. Die Frage dabei ist allerdings, inwieweit eine solche Näherung durchgängig gültig ist und ob durch diese Methode nicht notwendig einige für das Grundverständnis *wesentliche* Verbindungen durchtrennt werden müssen.

Ich möchte diesen Sachverhalt mit einer einprägsamen Parabel des englischen Astrophysikers Sir Athur Eddington veranschaulichen, die er in seinem Buch ,The Philosophy of Science' angeführt hat.

4. Die Parabel von Eddington

Eddington vergleicht in dieser Parabel den Naturwissenschaftler mit einem Ichtyologen, einem Fischsachkundigen, der das Leben im Meer erforschen will. Er wirft dazu sein Netz aus, zieht es an Land und prüft seinen Fang nach der gewohnten Art eines Wissenschaftlers. Nach vielen Fischzügen und gewissenhaften Überprüfungen gelangt er zur Entdeckung eines Grundgesetzes der Ichtyologie: Alle Fische sind größer als 5 cm! Er nennt diese Aussage ein Grundgesetz, da diese Aussage sich ohne Ausnahme bei jedem Fang bestätigt hatte. Versuchsweise nimmt er deshalb an, daß diese Aussage auch bei jedem künftigen Fang sich bestätigen, also wahr bleiben wird. Ein Freund, den wir den Metaphysiker nennen könnten, bestreitet jedoch die grundsätzliche Bedeutung dieses Grundgesetzes, weil er dieses als eine Folge der 5-cm-Maschenweite des Netzes sieht. Der Ichtyologe ist jedoch von seinem Einwand keineswegs beeindruckt und entgegnet: ‚Was ich mit meinem Netz nicht fangen kann, liegt prinzipiell außerhalb fischkundlichen Wissens. Es bezieht sich auf kein Objekt der Art, wie es in der Ichtyologie als Objekt definiert ist. Für mich als Ichtyologen gilt: Was ich nicht fangen kann, ist kein Fisch.'

Soweit die Parabel. Bei Anwendung dieses Gleichnisses auf die Naturwissenschaft entspricht dem Netz des Ichtyologen das gedankliche und methodische Rüstzeug und die Sinneswerkzeuge des Naturwissenschaftlers, die er benutzt, um seinen Fang zu machen, d. h. naturwissenschaftliches Wissen zu sammeln. Dem Auswerfen und Einziehen des Netzes entspricht dann die naturwissenschaftliche Beobachtung.

Dem Streit zwischen dem Ichtyologen und dem Metaphysiker liegt offensichtlich kein eigentlicher Widerspruch zugrunde, sondern dieser wird nur durch die verschiedenen Betrachtungsweisen der Kontrahenten verursacht. Der Metaphysiker geht von der Vorstellung aus, daß es im Meer eine objektive oder zumindest unabhängige Fischwelt gibt, zu der auch sehr kleine Fische gehören können. Der Ichtyologe ist hier anderer Meinung. Es ist für ihn uninteressant, ob er mit seinem Fang eine Auswahl trifft oder nicht. Er bescheidet sich mit dem, was er fangen kann und hat deshalb gegenüber dem Metaphysiker den Vorteil, daß er nirgends vage Spekulationen anstellen muß. Die Schärfe seiner Aussagen beruht wesentlich auf dieser Selbstbescheidung. Seine Beschränkung auf das Fangbare erscheint darüber hinaus vom praktischen Standpunkt aus ohne große nachteilige Konsequenzen. Für die Fischesser nämlich ist das Wissen, das der Ichtyologe etabliert, völlig ausreichend, da ein nicht-fangbarer Fisch für sie ohne Nutzen ist.

Was möchte ich mit diesem Gleichnis ausdrücken? Ich möchte damit ausdrücken, daß der Naturwissenschaftler nicht direkt mit der *eigentlichen Wirklichkeit* (was immer wir darunter verstehen wollen) zu tun hat, sondern nur mit ihren ,Erscheinungen', also mit gewissen Abbildern dieser Wirklichkeit, die er mit seinem Instrumentarium, mit seinen Methoden und gedanklichen Vorstellungen erfassen kann. Bei der naturwissenschaftlichen Wirklichkeit haben wir es mit einer *eingeschränkten, bedingten* Wirklichkeit zu tun, einer Wirklichkeit, die auf die für uns möglichen Denkformen projizierbar ist. Sie ist in diesem Sinn unvollständig, einseitig und deformiert. Dies mag für jemanden, der Erfahrungen aus reicheren Quellen – etwa den künstlerischen oder religiösen – schöpft, kaum überraschen. Überraschend ist vielmehr, daß diese Erkenntnis ein wesentliches Ergebnis der modernen Physik war, einer Physik, in der wir uns in der Vergangenheit eigentlich daran gewöhnt hatten, daß die von uns wahrgenommene und durch die Naturwissenschaft beschreibbare Wirklichkeit letztlich mit der eigentlichen Wirklichkeit im wesentlichen identifiziert werden kann.

5. Unsere doppelte Beziehung zur Wirklichkeit

Wir müssen davon ausgehen, daß die ,Wirklichkeit an sich' komplex ist und dies in einem sehr allgemeinen Sinne. Das eigentlich Komplexe ist in der hier verwendeten Definition seiner Struktur nach *nicht reduzierbar*. Dies schließt nicht aus, daß eine Zerlegung in Teile trotzdem *näherungsweise* möglich ist, was durch den großen Erfolg der Naturwissenschaft als bewiesen gelten kann. ,Näherungsweise Gültigkeit' bedeutet jedoch, daß gewisse Verbindungen durchtrennt werden müssen. Je nach Fragestellungen können diese wesentlich oder unwesentlich sein. Welche Vereinfachungen möglich sind, hängt deshalb von der Fragestellung ab, die wiederum von unseren Interessen und Absichten diktiert wird. Hierbei ist zu beachten, daß die ,Kleinheit' oder ,Geringfügigkeit' einer bestimmten Verknüpfung *nicht* von vorneherein und allgemein als ein gültiges Kriterium für seine relative Unwichtigkeit betrachtet werden kann, wie wir dies bei relativ einfachen, schwach vernetzten und insbesondere nicht-auf-sich-selbst-zurückwirkenden Systemen gewohnt sind und umfassend in unserer Technik ausnutzen. Komplexe Systeme haben im allgemeinen nicht mehr diese gewohnte Robustheit gegen kleine Störungen. Im Gegensatz zum ‚robusten‘ Auto, dessen Fahrverhalten in der Tat durch eine Delle im Kotflügel kaum beeinträchtigt wird, kann etwa ein einziger winziger Fehler in einem langen Computer-Programm dieses Rechenprogramm zum ‚Absturz‘ bringen. Solche komplexen Systeme können unter geeigneten Umständen hyperempfindlich werden und in ihrem zeitlichen Ablauf ein nicht mehr prognostizierbares, ‚chaotisches‘ Verhalten entwickeln. Lebendige Systeme versuchen, diese prinzipielle Labilität hochkomplexer Systeme durch Einstellung eines neuartigen, von geeigneten Kräften und Gegenkräften in der Schwebe gehaltenes dynamisches Gleichgewicht fern vom üblichen statischen (thermodynamischen) Gleichgewicht zu stabilisieren.

Um das Komplexe in seiner Gesamtheit zu erfassen, ist eine Zusammenschau notwendig. Diese Zusammenschau wird vorbereitet durch vielfältige Spiegelungen und Überlagerungen von unterschiedlichen Betrachtungsweisen. Die eigentliche Zusammenschau, die Synthese aller dieser partikulären Erfahrungen, erfordert darüber hinaus eine echte Nachschöpfung, die durch unsere prinzipielle Fähigkeit zur intuitiven Erfahrung ermöglicht wird.

Wie wirklich ist die ‚Wirklichkeit an sich? Wenn wir ‚wirklich‘ sagen, denken wir an Auswirkung oder Einwirkung, d. h. an Möglichkeit von Erfahrung und Handlung. Besteht also eine Möglichkeit der Erfahrung der Wirklichkeit an sich?

Am Anfang steht: ‚Das Eine‘. Das Eine ist sich selbst genug, es ist nur Subjekt. Für das Eine gibt es deshalb prinzipiell keine Möglichkeit der Erfahrung. Wir könnten es deshalb auch als ‚Das Leere‘ bezeichnen. Es ist, anschaulich gesprochen, wie ein unendlich ausgedehnter, total spiegelglatter See, der keinerlei Unterscheidung und Differenzierung zuläßt.

Beginnt sich dieses Eine etwas zu strukturieren, so können wir von einem ‚Ganzen' sprechen. Denn im Gegensatz zum ‚Einen' ist das ‚Ganze' ‚etwas, dem kein Teil fehlt'. Die Vorstellung des Ganzen setzt also schon eine Vorstellung von Teilen voraus, obgleich diese noch nicht in einem präzisen Sinne abgrenzbar sein müssen. Es ist so, als ob der bisher spiegelglatte See des ‚Einen' anfängt, sich im Wind leicht zu kräuseln.

Aus diesem Ganzen fängt ein Teil an, sich langsam abzuschnüren, aus dem sich mein ‚Ich' herausbildet. Ich habe hierbei immer die Vorstellung eines Osterhasen-Luftballons, den wir so oft für unsere Kinder aufgeblasen haben. Dieser Osterhasen-Luftballon fängt wie eine einzige große Kugel an, die sich zunächst immer weiter aufbläht, bis dann bei einem bestimmten Innendruck sich an einer Stelle plötzlich ein Ohr herausstülpt. Diese Ohrblase, diese Ausstülpung, bin ‚Ich'. In diesem Augenblick passiert etwas Aufregendes: Ich erfahre mich selbst als unterschieden, als abgetrennt vom ‚Rest der Welt'. Ich stehe auf einmal als Beobachter, als Subjekt, einer mir fremden Welt, als Objekt, gegenüber. Hierdurch erst wird die Voraussetzung für ‚Erfahrung' geschaffen.

Diese Ausstülpung des Ichs aus dem Gesamtzusammenhang der Wirklichkeit ermöglicht mir nun eine *doppelte* Erfahrung von der Wirklichkeit: Die *Außenerfahrung* der Wirklichkeit als Welt einschließlich mir selber und die noch verbleibende *Innenerfahrung*, weil ich immer noch mit der Gesamtwirklichkeit verbunden bleibe. Außenerfahrung erfordert aufmerksames Bewußtsein, Innenerfahrung tiefe Versenkung.

In der Wahrnehmung der Wirklichkeit *von außen* erlebe ich diese als ein strukturiertes Ganzes, bei der die Abtrennung meines Ichs vom Rest der Welt zunächst die auffallendste Struktur ist. In der Wahrnehmung des mir nächsten Menschen erkenne ich eine weitere Aufspaltung der äußeren Wirklichkeit. Ich entdecke neben meinem ‚Ich' das ‚Du', das ähnliche Eigenschaften zu haben scheint wie ich selbst. Bei aufmerksamer Beobachtung stelle ich fest, daß die äußere Wirklichkeit aus sehr vielen Gegenständen besteht, die in einem Raum verteilt sind und deren Einwirkung auf mich vom Abstand in diesem Raum abhängt. Die in diesem Raum mir nahen Dinge haben eine starke Einwirkung auf mich, die entfernteren nur eine sehr schwache. Auf diese Weise führt die Anordnung der Dinge im Raum zu einer natürlichen Hierarchie der Einwirkungsmöglichkeiten der Restwirklichkeit auf mich und für mich.

Wesentlich für unsere Wahrnehmung der Wirklichkeit ist, daß die Wirklichkeit uns in der Form einer ‚Erfahrung in der Zeit' begegnet. Die Wirklichkeit erleben wir als eine Aneinanderreihung von Gegenwarten des jeweiligen ‚Hier und Jetzt'. Sie ist gewissermaßen wie eine Abfolge von Gongschlägen. (Ich will mit dieser Sprechweise charakterisieren, daß hier die Zeit zunächst nur eine ‚Anordnung', aber noch kein ‚Maß', also noch keine Dauer, besitzt). Die Erfahrungsinhalte der verschiedenen Gegenwarten sind nicht vollständig beziehungslos. Gleiche Erfahrungsinhalte prägen sich uns besonders ein: wir sprechen dann von Substanz und Materie. Die Wirklichkeit erscheint als das ‚Seiende', in dem die Zeit negiert wird. Dies ist aber eine unzureichende Betrachtungsweise, da das meiste sich doch mit der Zeit verändert. Es gibt fortwährende Neuschöpfung, Entfaltung von Neuem, Metamorphosen, ständiges Werden, Lebendigkeit. Wenn vieles dabei gleichbleibt, sprechen wir von ‚Dingen, die sich bewegen'. Aber wie vieles bleibt wirklich gleich? Dominiert nicht das ‚Sein' im Vergleich zum ‚Werden' in unserer Wahrnehmung aufgrund unserer speziell auswählenden, an unserer Lebenswelt für unser Überleben geschulten Aufmerksamkeit?

Auch bei der Wahrnehmung der Wirklichkeit *von innen* stoßen wir auf ein strukturiertes Ganzes. Wir müssen uns hierbei von unserem hellen Bewußtsein, unserem individuellen Geist durch den ‚dünnen Hals' hindurchzwängen hinunter zum ‚Einen', indem wir zunehmend unsere Abgetrenntheit aufgeben, um dann letztlich unser ‚Bewußtsein zu verlieren'. Wir erleben bei diesem Hinabtauchen auf dem Wege das Ganze, das uns in der Gestalt eines allgemeinen vagen Gewahrseins oder einer allgemeinen Ahnung begegnet und erst bei einer völligen Versenkung, das einer Bewußtlosigkeit entspricht, in das Eine, das Leere, einmündet. Auch beim Wiederauftauchen aus dieser Leere durchlaufen wir stufenweise die Erfahrungen der Vorahnung, der Ahnung, des Gewahrseins, der Gestaltwahrnehmung, bis wir zum individuellen wachen Bewußtsein aufsteigen. Durch ständiges Auf- und Abtauchen können wir Vieles dieser dunkel empfundenen unbegreifbaren (weil eben begrifflich grundsätzlich nicht faßbaren) Vorahnung in etwas abbilden, das begreifbar erscheint.

Eine extreme Form der Außenbetrachtung ist es, die Wirklichkeit als *Realität* zu interpretieren, d. h. als eine Summe von Dingen, von Objekten. Objekte bezeichnen hierbei Wesenheiten, die in der Zeit mit sich identisch bleiben, also als das schlechthin ,Seiende'. Es sind dies also Erscheinungen, die bei jedem zeitlichen Gongschlag zuverlässig wiederentstehen und aus diesem Grunde als unzerstörbar erscheinen. Ihre Individualität rettet sich durch alle Zeitschichten hindurch. Es sind die Objekte, die aufgrund dieser Eigenschaft die Kontinuität der Wirklichkeit in der Zeit, das ,Sein', zu garantieren scheinen. Diese objektiv feststellbare Wirklichkeit findet ihren unmittelbaren Ausdruck in der *Materie* und in der Möglichkeit, von *Tatsachen* sprechen zu können. Sie werden zu Referenz-Marken unserer Wirklichkeitsbeschreibung. Durch sie wird die Wirklichkeit für uns begreifbar. Eine Beschreibung durch Begriffe wird möglich, der sich die Sprache erfolgreich bedient.

6. Verschärfung der Außenbetrachtung in der Naturwissenschaft

In der Naturwissenschaft wird die Vorstellung von den Objekten weiter präzisiert, indem sie die Unzerstörbarkeit nur bei gewissen kleinsten Objekten, nämlich den ,Atomen', annimmt. Das ganze zeitliche Spiel der Wirklichkeit besteht dann nur in einer fortwährenden Neuordnung der verschiedenen Atome. Diese Atome werden zunächst als von einander unabhängig vorgestellt. Ihre Eigenständigkeit und Unabhängigkeit gilt als *primäres* Phänomen.

Die Unabhängigkeit der Atome gilt jedoch nicht streng. Ihre Bewegung wird nämlich durch Kräfte gesteuert, die von anderen Atomen ausgehen. Durch die Vorstellung von Kräften, die zwischen diesen kleinsten Bausteinen der Materie wirken, wird also nun *sekundär* ein gewisser Zusammenhang der Wirklichkeit wieder hergestellt. Zunächst sind dies Kräfte, die auf Distanz durch den Raum wirken. In einer späteren Phase der Physik wurde dann festgestellt, daß diese Kräfte nicht einfach unvermittelt durch den Raum wirken, sondern durch *Felder*, die den Raum erfüllen, übertragen werden. So kann etwa die von der Sonne auf die Erde ausgeübte Schwerkraft als ein von der Sonne sich ausbreitendes Gravitationsfeld gedeutet werden, in dem sich die Erde bewegt und, durch direkte lokale Einwirkung dieses Feldes, in ihrer Bahn gekrümmt wird. Durch die Vorstellung von Kräften und die diese Kräfte übermittelnden Felder wird also die durch die atomistisch-mechanische Betrachtungsweise induzierte ursprüngliche Fragmentierung der Wirklichkeit teilweise wieder aufgehoben. Dadurch wird ein erster Schritt zurück zu einer gewissen Ganzheit gemacht.

Ein wesentliches Ergebnis der neuen Physik, nämlich der Quantenphysik, war nun die Vorstellung, daß die materiellen lokalisierten Teilchen und ihre raumfüllenden Wechselwirkungsfelder nicht zwei gänzlich verschiedene Phänomene, sondern nur zwei verschiedene Ausdrucksformen derselben Realität sind. Teilchen und Felder oder auch ‚Partikel und Welle‘ müssen in einem abstrakten Sinne als eine neue Einheit, als ‚Wellikel‘ begriffen werden, wobei die eine oder die andere Form, nämlich die Objekthaftigkeit des Partikels einerseits, und die Wellenförmigkeit des Feldes andererseits in verschiedenen Situationen in Erscheinung treten und dominieren. Die Schwerkraft wird zum Gravitationsfeld, das sich dazu als eine bestimmte Struktur von Raum und Zeit entpuppt, und das sich dann im nächsten Schritt noch wie objekthafte Teilchen, wie

Gravitonen, verhalten kann. Die Identifizierung von Teilchen und Wellen führt im Ergebnis einen weiteren Schritt zurück in Richtung auf die eigentliche Ganzheit der Wirklichkeit.

Bei einer genauen Betrachtung stellte sich sogar heraus, daß diese mysteriöse und für uns anschaulich nicht nachvollziehbare Vereinigung der Teilchen- und Wellenvorstellung zu einer tiefgreifenden Veränderung des physikalischen Weldbildes führt. Diese Fusion erfordert, daß es in einer solchen Welt *überhaupt keine Objekte mehr* geben kann. Die Vorstellungen von Dingen, die in der Zeit ihre Individualität bewahren und damit eine zeitliche Kontinuität gewährleisten, erweist sich als *Illusion*. Die Zukunft ist nicht einfach eine Entfaltung der Gegenwart, sondern die zukünftige Gegenwart ist eine echte Neuschöpfung. Die Zukunft ist nicht determiniert, sie ist offen. Die Schöpfung ist nicht abgeschlossen, sondern ereignet sich in jedem Augenblick neu. Der neue Schöpfungsakt ist jedoch vom vorhergegangenen nicht unabhängig. Jede Gegenwart baut in Abhängigkeit ihrer Struktur ein ‚Erwartungsfeld' für Realisierungsmöglichkeiten in nachfolgenden Gegenwarten auf. Wie bei einem Herzschlag bereitet jeder zeitliche Gongschlag den nächsten Gongschlag vor, stimmt ihn auf mögliche Realisierungen ein, aber ohne die Struktur dieser neuen Gegenwart voll festzulegen. Es gibt bei dieser Betrachtung nicht mehr eine Vielzahl von Objekten, die vermöge von Feldern und Kräften aufeinander wirken, sondern es gibt nur ein *einziges* Erwartungsfeld, das in jedem Augenblick mit gewissen Wahrscheinlichkeiten zu einer bestimmten dinglichen Realität gerinnt. Formal wird diese Erwartungshaltung durch die Richtung eines ‚Pfeiles' (Einheitsvektors) in einem unendlich dimensionalen Zustandsraum der Möglichkeiten dargestellt, was für uns anschaulich nur schwer vorstellbar ist.

Eine intuitive Vorstellung dieser Situation ist aber vielleicht doch möglich, wenn wir andere, uns vertraute Erfahrungsformen verwenden. So hat die Gerinnung von Erwartung zur Realität eine gewisse Ähnlichkeit mit der Verwandlung von einer in uns freischwebenden, in Möglichkeiten schillernden Vorahnung zu einer uns bewußten Vorstellung, zu einem konkreten Gedanken in unserem Kopfe. Ja, wir könnten vielleicht sogar noch einen Schritt weitergehen und sagen, daß Wirklichkeit an sich, Wirklichkeit in ihrer Grundverfaßtheit nur noch wenig mit dem gemein hat, was wir als materielle Wirklichkeit, als Realität erleben, sondern weit größere Ähnlichkeit mit dem hat, was wir *Geist* nennen: ihre Unauftrennbarkeit, Ganzheit, Einheit im jeweiligen ‚Jetzt', das gleichzeitig-alles-sein und doch wieder keines-von-allem-sein, mehr Vorahnung der Vielfalt als Vielfalt selbst, eben nur Potentialität, Möglichkeit (ähnlich wie bei einem quantenmechanischen Zustand) und nicht Faktualität, Tatsächlichkeit (wie bei den statistisch ausgemittelten Zuständen unserer Lebenswelt); in der zeitlichen Aufeinanderfolge – weil unausgeprägt – offen, schwebend, unentschieden, doch nicht bis zum Extrem der Gleichgültigkeit, Gestaltlosigkeit, Leere, Nichtigkeit, sondern ‚beladen' – ähnlich wie Ahnung durch Erwartung aufgeladen ist – bis zur Fähigkeit, die Erwartung von Möglichem extrem auf ganz wenige Optionen zu verdichten, gerinnen zu lassen und zu einer bestimmten gewollten Realisierung, also zu einer ‚Entscheidung' zu zwingen.

Bei dieser Vorstellung ist Realität nur die ‚geronnene Phase' einer an sich unermeßlichen Potentialität der Wirklichkeit, Materie ist gewissermaßen die erstarrte Schlacke eines lebendigen Geistes. Mit der Gerinnung, der Sklerotisierung, dem Absterben erhält Wirklichkeit die Eigenschaft der Verläßlichkeit, der zeitlichen Kontinuität, der Determiniertheit und Prognostizierbarkeit. Diese tote Form erscheint uns als verläßliche Markierung, bietet uns sichere Orientierung, die Möglichkeit zielgerichteten Handelns und verbesserter Lebens- und Überlebenssicherung. Ihre Überbewertung versperrt uns aber die Einsicht, daß Wirklichkeit mehr ist als nur vielfältige Neukombination vorgegebener Bausteine nach den strengen Regeln der Realität, das Abspulen eines mechanischen Uhrwerks, sie läßt uns vergessen, daß Wirklichkeit echte Neuschöpfung erlaubt, die sich in der Lebendigkeit und Offenheit unseres Geistes widerspiegelt.

Bei dieser modernen Vorstellung ist nicht mehr geheimnisvoll, warum ‚alles mit allem zusammenhängen' soll, denn es gibt in dieser Vorstellung zunächst nur ‚Das Eine'. Umgekehrt erscheint vielmehr jetzt geheimnisvoll, warum sich das ‚Eine' in unserer Erfahrung uns so offenbart, als ob es ein aus Teilen zusammengesetztes Ganzes wäre. Der tiefere Grund für die näherungsweise Individualisierung und die Herausbildung von Gestalt ist, daß das Erwartungsfeld ‚Wellencharakter' besitzt. Im Gegensatz zur Materie, im dinglichen Sinne, haben Wellen die eigentümliche Eigenschaft, daß sie je nach der Weise, auf welche sie sich überlagern, sich wechselseitig verstärken oder aber abschwächen und auch auslöschen können. Materie mit Materie zusammengebracht, gibt immer mehr und nie weniger Materie. Die Herausbildung von Gestalt hat wesentlich mit dieser Möglichkeit der Unterdrückung und Verdrängung durch destruktiv interferierende Wellen zu tun: Zwei gleichartige Wellen (gleiche Wellenlänge und Ausbreitungsrichtung) müssen (kohärent) so überlagert werden, daß der Wellenberg der einen mit dem Wellental der anderen zusammentrifft und sich ihre Bewegung kompensiert. Individualisierung verlangt also eine raffinierte Koordinierung der Wellen, ihre Einbindung in eine Ordnungsstruktur. Wird diese Ordnung gestört, so wird die Abtrennung aufgehoben. Das abgetrennte Ausgestülpte versinkt wieder im Ganzen. Betrifft es mein ‚Ich', so ‚sterbe ich', meine individuelle Erfahrung erlischt. Der von uns als individuell betrachtete Geist mündet wieder ein in den ‚einen großen gemeinsamen Geist', die eigentliche Wirklichkeit.

7. Verdeutlichung der Innenbetrachtung durch die Poesie

Die Poesie oder auch allgemeiner die Kunst führt uns im Gegensatz zur analytischen Wissenschaft zu einer ganz andersartigen Betrachtung der Wirklichkeit. Sie ist gewissermaßen eine Inspektion der Wirklichkeit von innen her. Durch Meditation und durch Versenkung tauchen wir in uns hinab in ein mehr oder weniger strukturiertes Ganzes. Unsere Aufmerksamkeit verflüchtigt sich und verbreitert sich, und unser helles Bewußtsein geht über in Tagträumen und schließlich in wirkliches Träumen. Die Gewißheit und die Schärfe von Vorstellungen weicht einer immer weniger ausgeprägten ‚Ahnung‘ von Zusammenhängen und Dingen. Auch was uns in der Zukunft, also beim nächsten zeitlichen Gongschlag, erwarten wird, bereitet sich in uns als eine allgemeine Ahnung vor, bei der, in Form einer Erwartung, gewisse Gegebenheiten größere und kleinere Wahrscheinlichkeiten erhalten. Aber diese Möglichkeiten zukünftiger Entwicklungen stehen in unserer Vorstellung nicht nebeneinander, sondern gewissermaßen übereinander, ähnlich wie bei einer Photographie mit mehreren überlagerten Expositionen. Eine Ahnung, eine Vorahnung besteht aus einer unentwirrbaren Überlagerung unendlich vieler Möglichkeiten. Eine Ahnung entspricht mehr einer bildhaften Vorstellung, bei der wir auf keinen der Gegenstände fixiert sind. Es ist ein einziger Gesamteindruck, der nicht in mehrere verschiedene Teile zerfällt. Er ist ähnlich wie der Klang eines Gongs, der je nach Anschlag eine verschiedene Klangfarbe erhält. Aus der physikalischen Beschreibung wissen wir, daß die Farbe eines Klangs von der Beimischung verschiedener Obertöne abhängt. Aber das Ohr, unser Gehör, nimmt diese Obertöne nicht getrennt wahr, sondern nur als eine Verfärbung eines gewissen Grundklanges. Erst wenn die Beimischungen der Töne zu verschieden werden, empfinden wir den Klang als ein Zusammentönen von Verschiedenem, als einen Akkord, eine Harmonie oder eine Disharmonie.

Poesie, die dichterische Sprache, versucht, die von uns unmittelbar erfahrene ‚Bedeutungsfarbe‘ geeignet zu vermitteln. Sie versucht dies, indem sie verschiedenartige Muster ineinanderlaufen läßt und auf mannigfache Weise miteinander kombiniert. Durch Wahl der Worte, dem speziellen Klang der Worte, ihrem Rhythmus, ihrer speziellen und allgemeinen Bedeutung, die begriffliche und symbolische Assoziationen wecken, durch Mittel des gewollten Kontrastes und der Entfremdung versucht der Dichter ein Gesamtkunstwerk zu schaffen, das uns unmittelbar berührt, tief in uns eindringt und letztlich die Vorstellungen erzeugt, aus denen der Dichter selbst geschöpft hat. Es ist wie ein Spiegel, der die tiefer in uns liegende Wirklichkeit in eine uns begreifbare Erfahrungswelt hochreflektiert, und dies, wenn möglich, auf eine solche Weise, daß die verschiedenen Spiegelungen nicht zu getrennt nebeneinander stehenden Erfahrungen werden, sondern wie bei der Klangfarbe eines Tones ihre Zusammengehörigkeit beibehalten. Durch schrillere Töne kann dieser Zusammenhang an einzelnen Punkten aufgebrochen werden, um mit uns, den Hörenden, den Aufstieg aus dem unbewußt Geahnten zum konkret Greifbaren zu vollziehen.

Es mag wie ein Wunder aussehen, daß symbolische Sprache sich für eine Verständigung überhaupt eignet, daß Dichtung Brücken zwischen Menschen schlagen kann. Denn es kann nicht die spezielle Ausdrucksform sein, die hier als wesentlicher Informationsträger wirkt. Die dichterische Sprache hat nur die Funktion eines Vermittlers, sie verlangt für ihr Verständlichsein eine gewisse Vorbereitung und Gewogenheit bei dem Empfänger. Diese Vorbereitung, dieses Vorwissen, kann nicht das Ergebnis unserer kurzen Erfahrung als individuelles Wesen auf dieser Erde sein. Zweifellos haben wir es hier mit einem Vorverständnis zu tun. Schon vor der Entfaltung unseres individuellen Bewußtseins wissen wir alle voneinander, weil wir aus demselben Geist heraus gewachsen sind. Dieser gemeinsame Geist wurde in der Milliarden Jahre langen Geschichte unserer Erde gemeinsam heran- und herausgebildet. Wir alle tragen aufgrund unseres gemeinsamen Ursprungs in einer verborgenen Form die Erinnerung an unsere eigene Entwicklung vom Beginn des Universums an. Wenn wir etwas verstehen, bedeutet das meist nur, daß wir uns plötzlich an etwas erinnern, was wir eigentlich schon immer wußten, und das wir nur vergessen hatten.

Die poetische Sprache knüpft an diese ursprüngliche Erfahrungswelt an. Im Gegensatz zur naturwissenschaftlichen Wahrnehmung, bei der die Wirklichkeit in eine Vielzahl von

Objekten, von praktisch unabhängigen Teilen eines Gesamtsystems aufgelöst wird, knüpft die poetische Sprache an der Vielfalt der Beziehungen zwischen den scheinbaren Teilen dieser Welt an. In diesem Sinne hat die poetische Sprache mehr Ähnlichkeit mit einer holographischen Wahrnehmung. Hier schreitet die Erfassung eines Gesamtbildes nicht so vor sich, daß wir, von einem gewissen Ausgangspunkt beginnend, langsam Punkt für Punkt das Gesamtgemälde komponieren, sondern daß wir von Anfang an das gesamte Gemälde im Auge haben und nun versuchen, Schritt für Schritt immer genauer Gestalten und Formen in ihm zu entdecken, bis sich uns am Ende auch die gesamte Vielfalt und Fülle des Bildes erschließt. Naturwissenschaftliche Betrachtung versucht einen *Zusammenbau*, die poetische Beschreibung eine *Zusammenschau* der Wirklichkeit. In diesem Sinne sind die naturwissenschaftliche und die poetische Betrachtung komplementäre Betrachtungsweisen.

In einer Welt, in der wir gelernt haben, immer schärfer zu fokussieren und deshalb immer mehr Einzelheiten wahrzunehmen, haben wir immer größere Schwierigkeiten, den Gesamtzusammenhang zu verstehen. Wir laufen deshalb heute große Gefahr, den Überblick und deshalb unsere Orientierung zu verlieren. Es ist dringend notwendig, daß wir wieder ‚Unschärfe‘ praktizieren, um besser Gestalten zu erkennen und Zusammenhänge zu sehen. Wir brauchen heute dringend Kunst und Poesie, um das Gemeinsame unseres Seins aufleuchten zu lassen, um der wechselnden Bedingtheit der verschieden erscheinenden Teile unserer Wirklichkeit und ihrer wechselseitigen Relevanz gewahr zu werden, und schließlich und nicht zuletzt, um *den tieferen Sinn in unserem eigenen Leben* zu entdecken.

Sicherheitspolitik im Spannungsfeld von Ökologie und Ökonomie

1. Einleitende Bemerkungen

Sicherheit wird gewöhnlich im engeren Sinne als militärische Sicherheit interpretiert. Mit dem Wegfall der Ost-West-Spannungen scheint heute der militärischen Sicherheitspolitik in Europa im Vergleich zu den Tagen des kalten Krieges nur noch geringe Bedeutung zuzukommen. Solange jedoch weltweit die Waffenarsenale und Streitkräfte nicht drastisch reduziert und die Militärbudgets nicht wesentlich abgesenkt worden sind, dürfen wir leider den militärischen Sektor nicht aus den Augen verlieren. Das deprimierende Beispiel Jugoslawien, die vielfältigen bürgerkriegsähnlichen Kriegswirren in den Nachfolgestaaten der Sowjetunion und auch in anderen Regionen der Welt machen deutlich, wie groß die Gefahr von Rückschlägen noch ist. Aber: Gerade die Hilflosigkeit, mit der die Europäische Gemeinschaft, die USA und die Vereinten Nationen versuchen, diese Konflikte zu schlichten, zeigt eindrücklich, wie die Konzentration auf militärische Sicherheit allein nicht ausreicht. Wir müssen deshalb mehr noch als in der Vergangenheit versuchen, die aufziehenden Gefahren so früh wie möglich zu erkennen, um mehr Handlungsoptionen zu besitzen.

In diesem Zusammenhang erscheint es mir vor allem wichtig, sich einmal genauer zu überlegen, von welcher Art eigentlich die zukünftigen Droh- und Bedrohungspotentiale sein könnten. Ich fürchte nämlich, daß eine einfache Extrapolation von den uns geläufigen Szenarien der Vergangenheit uns zu ganz falschen Vorstellungen führt. Es erscheint mir ziemlich evident, daß Bedrohungen künftig immer mehr von einer Art sein werden, bei denen militärische Instrumente und Maßnahmen sich als ziemlich nutzlos erweisen werden. Darüber hinaus habe ich auch meine Zweifel, ob wir einfach durch eine geeignete Erweiterung des Sicherheitsbegriffes der eigentlichen Problematik ausreichend näher kommen können, weil nämlich Sicherheit mehr eine Folge eines komplexen Zusammenspiels vielfältiger Faktoren und weniger eine primäre Ausgangsgröße ist und weil es so etwas wie Sicherheit im strengen Sinne gar nicht gibt.

2. Was heißt Sicherheit?

Was verstehen wir eigentlich unter ‚Sicherheit‘? Hierzu möchte ich kurz einige grundsätzliche Bemerkungen machen.

Wenn wir Sicherheit gewähren wollen, setzen wir stillschweigend voraus, daß sich zukünftige Entwicklungen prinzipiell prognostizieren und in gewisser Annäherung berechnen oder wenigstens abschätzen lassen. Aus der Naturwissenschaft wissen wir aber, daß es eine solche Prognostizierbarkeit im strengen Sinne nicht gibt, und dies nicht nur in der Welt des Allerkleinsten, in der ich mich selbst bewege, sondern auch in unserer Lebenswelt und hier vor allem für hochkomplexe, auf sich selbst stark rückgekoppelte Systeme. Aufgrund von dynamischen Instabilitäten können solche Systeme (wir nennen sie chaotische Systeme) Anlaß zu ganz unerwarteten Entwicklungen geben. Gerade in angespannten Situationen oder gar in Krisensituationen ist deshalb eine Prognose der künftigen Entwicklung prinzipiell – also nicht nur aus mangelnder Kenntnis – gar nicht möglich. Sicherheit läßt sich hier also streng genommen gar nicht garantieren.

Sicherheit bedeutet für uns aber darüber hinaus, daß eine Prognose auch zu Ergebnissen führt, die unseren Erwartungen entsprechen. Wir wollen Erreichtes bewahren, also den ‚status quo‘ beibehalten oder wenigstens einen irgendwie gearteten Abstieg verhindern. Viele sehen ihre Sicherheit sogar erst dann gewährleistet, wenn die Möglichkeit für einen Aufstieg bezüglich bestimmter vorgesteckter Ziele offengehalten wird. Eine derart vorgestellte Sicherheit zu gewährleisten, ist letztlich unmöglich.

Denn als Naturwissenschaftler wissen wir, daß es eine eingeprägte Tendenz in der Natur gibt, Ordnungsstrukturen – Ordnung hierbei im Sinne einer höheren Differenzierung gemeint – im Laufe der Zeit zerfallen zu lassen. Nach dem zweiten Hauptsatz der Thermodynamik, dem Entropiesatz, nimmt – etwas vereinfacht ausgedrückt – bei sich selbst überlassenen Systemen die Unordnung automatisch immer zu. Wir wissen andererseits, daß es hier auf der Erde einen Gegentrend gibt, bei dem primitive Strukturen sich langsam zu höhergeordneten Strukturen aufbauen können. Dieser gegenläufige Evolutionsprozeß ist aber ein äußerst delikater Prozeß, der nur funktioniert, wenn wir dauernd Ordnungsenergie, Syntropie (negative Entropie) in irgendeiner Form zuführen. Die Aufrechterhaltung von Ordnungsstrukturen verlangt deshalb eine stetige Zuwendung, eine ordnende Hand, die ständig Syntropie zufüttert. Die Erde empfängt diese Zuwendung täglich durch die Sonneneinstrahlung. Sie ist die einzige echte Syntropiequelle. Andere Syntropiequellen sind Syntropiereservoire in der äußeren Erdkruste wie etwa die fossilen Energieträger Kohle, Erdöl und Erdgas, in denen über hunderte von Jahrmillionen eingesammelte Sonnenenergie gespeichert ist. Die direkte Nutzung der Sonnensyntropie war die ursprünglichste und wichtigste Methode für Strukturbildung und Höherentwicklung. Dies ist ein etwas mühseliger und langwieriger Prozeß, wie wir dies vom Pflanzenwachstum her kennen. Höhere Arten wie die Tiere und auch der Mensch haben deshalb gelernt, sich diese Syntropie indirekt über eine immer länger werdende Nahrungskette zu verschaffen. Viel einfacher und schneller ist es, die auf der Erde vorkommenden Syntropiereservoire auszuplündern, ohne Rücksicht darauf, wie sie letzten Endes wieder aufgefüllt werden können. Dies ist die heute von uns Menschen bevorzugte Methode. Doch haben in der langen erdgeschichtlichen Evolution diejenigen Organismen einen gewissen Überlebensvorteil errungen, denen es gelungen ist, mit diesen Ressourcen möglichst sparsam umzugehen. Symbiose und Kooperation erwiesen sich als sehr günstige Lebenshaltungen zur effektiven Ressourcennutzung. Auch Prozesse langsam und gemächlich ablaufen zu lassen, wodurch Syntropie sparsam verbraucht wird, erwies sich als ein entscheidender Vorteil.

3. Ursachen für Gefährdung der Sicherheit

Unsere Sicherheit ist durch eine große Zahl verschiedenartiger Faktoren gefährdet. Wenn wir an eine Gefährdung unserer Sicherheit denken, so kommt uns zunächst immer der Expansionstrieb oder der Machttrieb unserer Nachbarn in den Sinn, vor dem wir uns schützen müssen. Dies ist also eine Außenbedrohung. Er resultiert aus dem Wunsch unserer Nachbarn, ihren – wie wir wenigstens glauben – ,status quo' zu verändern und dies vielleicht auf unsere Kosten. Diese Bedrohung ist sehr real. Sie ist es insbesondere, wenn wir uns daran gewöhnen, unter ,status quo' auch ein ,Recht auf materielles Wachstum' zu verstehen. In westlicher Auffassung ist Lebensqualität ja so definiert, daß materielles Wachstum als ein natürliches Grundbedürfnis betrachtet wird. Aber man muß sich in diesem Falle dann die Frage stellen, wie unter der Voraussetzung der Endlichkeit unserer Erde und ihrer nicht-erneuerbaren Ressourcen eine Sicherheit für alle langfristig überhaupt gewährleistet werden kann.

Doch selbst ohne ein solches ,Recht auf materielles Wachstum' ist die Sicherheit immer wieder durch die großen ökonomischen Ungleichgewichte auf unserer Erde bedroht. Diese Ungleichgewichte haben nicht nur mit den verschiedenen Qualitäten der Menschen und ihrer Handlungsfähigkeit zu tun, wie das stillschweigend angenommen wird – mir geht es besser, weil ich der Bessere und Tüchtigere bin! –, sondern ist auch wesentlich durch geographische, historische und kulturelle Bedingungen verursacht. Auch dürfen wir nicht die enorme Dynamik vergessen, die aus solchen Ungleichgewichten resultiert. Die Rahmenbedingungen unserer heutigen Wirtschaft und ihrer Spielregeln sind so geartet, daß sie bestehende Unterschiede immer mehr verstärken anstatt abzubauen. Wir können in diesem Zusammenhang ohne große Verfälschung von einem Wirtschafts-Imperialismus sprechen. Daß dies so ist, ist selbstverständlich kein Zufall, weil eben die wirtschaftlich Stärkeren die Rahmenbedingungen für die anderen, die Schwächeren, mitdefinieren, ohne daß diese eine faire Möglichkeit haben, dagegen zu protestieren.

Wirtschaftliche Dominanz erleichtert dazu den Zugang zu weiteren Ressourcen, welche als wesentliche Quelle wirtschaftlichen Reichtums angesehen werden muß. Denn wirtschaftliche Wertschöpfung bedeutet ja nur in den seltensten Fällen, daß hier echte Wertschöpfung passiert. Wirtschaftliche Wertschöpfung bedeutet vielmehr, daß durch den Einsatz von Kapital – das in den Wirtschaftstheorien fälschlicherweise als Produktionsfaktor angesehen wird und nicht, was es eigentlich ist, als ein Organisationsfaktor, mit dem ‚kostenloses' Naturvermögen in ‚wertvolles' Tauschwertvermögen verwandelt wird – nicht-erneuerbare Naturressourcen in immer schnellerem Tempo ausgebeutet und zur weiteren Kapitalvermehrung verwendet werden. Dabei wird die auf diesem Hintergrund eigentlich viel wichtigere Fähigkeit des Menschen und aller anderen Lebewesen, die ihnen unbegrenzt zur Verfügung stehenden oder erneuerbaren Ressourcen optimal auszunützen, nicht in gleichem Maße honoriert.

Wir sind hier praktisch in der Situation eines Dorfes, in dessen Nähe überraschend Gold gefunden wird. Dieser Goldfund wird in kurzer Zeit die ganzen gewachsenen Strukturen zerstören, weil es jetzt weit profitabler ist, Gold zu waschen, als mühselig durch Ackerbau seinen Lebensunterhalt zu verdienen. Gleichwohl ist eine Umstellung der Lebensweise des Dorfes auf die extrem ertragreiche Goldausbeute langfristig verhängnisvoll, weil in kürzester Zeit die Goldadern erschöpft und die fruchtbaren Böden durch die Goldwäscherei weggeschwemmt und vergiftet sein werden. Die Menschen werden dann vor einer Katastrophe stehen, weil ihre Lebensgrundlage zerstört ist und sie vielleicht schon vergessen haben, wie sie ihren Lebensunterhalt durch Ackerbau verdienen können.

In Situationen extrem ökonomischen Ungleichgewichts ist es auch kaum einsichtig und eigentlich völlig ungerecht, wenn der wesentlich Reichere mit Nachdruck darauf pocht, daß der status quo nicht verändert werden darf. Denn dies würde ja zu einem Einfrieren des augenblicklichen Ungleichgewichts führen. Historisch wissen wir auch, daß sich solche Ungleichgewichte – ähnlich wie auch in der übrigen Natur – auf Dauer nicht durchhalten lassen.

Solche Ungleichgewichte spielen dann nicht nur eine destabilisierende Rolle im Verhalten der Völker und Staaten, sondern sie führen auch innerhalb der Staaten zu großen sozialen Spannungen, wenn die staatliche Gesetzgebung innerhalb eines Landes nicht dafür sorgt, solche Ungleichgewichte auszugleichen. Solche sozialen Ungleichgewichte treten insbesondere dann auf, wenn man den Leuten den direkten Zugang zur eigentlich primären Quelle von Ordnungsenergie, von Syntropie, versperrt, nämlich der Sonnenenergie. Aus diesem Grunde spielt Landwirtschaft in jedem Lande eine fundamentale Rolle. Ohne Landreformen, die jedem einzelnen die Möglichkeit von Landwirtschaft prinzipiell ermöglicht, wird ein langfristig destabilisierender Prozeß in Gang gesetzt. Die Nichtbefriedigung der Mindestbedürfnisse von Menschen wird immer ein Explosivpotential sein, das durch keinerlei Sicherheitsvorkehrungen wirklich entschärft oder beseitigt werden kann. Auch das beste Waffenarsenal wird hier letztlich nichts nützen.

Die ökonomischen Ungleichgewichte haben ihre Wurzeln jedoch auch in den ethnischen und kulturellen Verschiedenheiten. Dies bedeutet nicht, daß solche Ungleichgewichte immer zu Unzufriedenheiten führen müssen, denn es gibt glücklicherweise sehr verschiedene Lebensstile, die ein sinnvolles und erfülltes Leben ermöglichen. Was wir unter Lebensqualität verstehen, ist von Land zu Land oder von Kultur zu Kultur verschieden. Menschen knüpfen sehr verschiedene Erwartungen an ihr Leben, und sie haben deshalb auch sehr verschiedene Bedürfnisse, wenn wir einmal von den eigentlichen Grundbedürfnissen absehen. Ich glaube, daß wir heute in der Beurteilung der Lage von Ländern die geistigen Bedürfnisse der Menschen bei weitem unterschätzen, obwohl wir sehr wohl wissen und immer wieder betonen, ,daß der Mensch nicht vom Brot alleine lebt'.

Wir sollten darüber hinaus erkennen, daß es nicht im Intcresse der Menschheit als ganzer sein kann, diese kulturellen und ethnischen Unterschiede ganz auszugleichen. Im Gegenteil: Ähnlich wie das Gedeihen der Biosphäre auf der Erdoberfläche wesentlich von der Artenvielfalt abhängt, um maximale Flexibilität und Anpassungsfähigkeit zu gewährleisten, so wird es für das Überleben der Menschheit und ihrer Zivilisation von ausschlaggebender Bedeutung sein, daß die ethnische und kulturelle Vielgestaltigkeit der Menschheit erhalten bleibt. Auf Grund mannigfacher Synergismen, aber auch komplementärer Lebensauffassungen ist die gesamtmenschliche Kultur sehr viel mehr als die Summe der einzelnen Kulturen. Ihr komplexes kritisches und befruchtendes Zusammenspiel schafft für die Menschheit insgesamt eine höhere kulturelle Ordnungsstruktur. Die menschliche Kultur in ihrer Gesamtheit ist gewissermaßen der fruchtbare Mutterboden, aus dem heraus auch zukünftige neue Lebensformen und kulturelle Entwicklungen wachsen werden und müssen.

Unabhängig von den Ungleichgewichten und Inhomogenitäten in der Verteilung der Güter und in den Möglichkeiten einer Befriedigung menschlicher Bedürfnisse erscheint als größte Gefahr für unser aller Sicherheit die extreme Nichtzyklizität unserer Wirtschaftprozesse, nämlich der Umstand, daß unsere Wirtschaft auf den kontinuierlichen Verbrauch von nichterneuerbaren Ressourcen angewiesen ist, die auf der einen Seite von einem erschöpfbaren Naturvermögen zehrt – was von vielen Wirtschaftswissenschaftlern wegen der großen Vorräte auf der Erde vielfach als nicht zu gravierend angesehen wird –, auf der anderen Seite jedoch, am Ende des Produktionsprozesses – und dies wird heute klar erkannt – zu

Abfällen führt, die unsere Lebenssphäre auf empfindliche Weise stören. Ein bekanntes Beispiel dafür ist etwa das bei Verbrennung von Kohle und Erdöl entstehende Treibhausgas Kohlendioxyd, das unser globales Klima bedroht. Doch ist dieses wohl nur die Spitze eines Eisbergs, da uns die Langzeitfolgen unserer Abfälle erst in jüngster Zeit bewußt geworden sind. Die notwendige Verknappung wichtiger Ressourcen und die steigenden Schwierigkeiten, den eigenen Abfall zu ‚entsorgen', werden immer mehr zu einem Störfaktor in der Entwicklung unserer Zivilisation, die notwendig zu einer Verschärfung des Überlebenskampfes führen und zunächst auf dem Rücken des Schwächeren entschieden werden. Sie werden jedoch nicht ohne gefährliche oder sogar fatale Rückwirkungen auf das Gesamtsystem ablaufen.

Im Hintergrund all dieser kaum zu bewältigenden Aufgaben und Schwierigkeiten steht ein ungebremstes Bevölkerungswachstum insbesondere in der sogenannten Dritten Welt. Aufgrund der damit notwendig verbundenen Zunahme an Konsum von unverzichtbaren Lebensgütern wird die Biosphäre in immer steigenderem Maße belastet, was bis zur Störung ihrer wesentlichen Regelkreise und ihre teilweisen oder gänzlichen Zusammenbruchs führen könnte. Hierbei möchte ich jedoch mit allem Nachdruck betonen, daß die wesentliche Bedrohung der Umwelt heute vor allem vom weniger bevölkerungsreichen Norden kommt, da der Konsum dort um etwa das Sechszehnfache über dem der sogenannten Dritten Welt liegt. Dies bedeutet anschaulich, daß bei einer Bevölkerungszahl von heute über fünf Milliarden die eine Milliarde ‚reichen' Menschen auf der Nordhalbkugel die Ökosphäre eigentlich wie etwa vier Milliarden Menschen belasten, während umgekehrt die vier Milliarden Armen auf der Südhalbkugel ökologisch sich nur wie eine einzige Milliarde auswirken. Was die Belastung der Ökosphäre anbelangt, dreht sich also das Verhältnis der Zahl der Menschen im Norden und Süden effektiv gerade um. Und dieses Mißverhältnis würde sich auch in Zukunft weiter zu Ungunsten des Südens verschlechtern, wenn das materielle Wirtschaftswachstum des Nordens das biologische Wachstum des Südens weiterhin übersteigt. Sollten die Menschen auf der Südhalbkugel auch nur in etwa unsere Lebensform zu imitieren versuchen, so würde das zu einem vollständigen Kollaps der Ökosphäre führen. Dies bedeutet, daß wir mit einer Änderung der Lebensformen bei uns selbst in den industrialisierten Ländern beginnen müssen. Es ist dringend notwendig, lebenswerte, lustvolle neue Lebensstile zu entwickeln, die auch für die Menschen in ihrer Gesamtheit, ohne Gefährdung unserer gemeinsamen Lebensgrundlage, auf lange Sicht prinzipiell möglich sind. Dies ist die Forderung nach einer gerechten, ökologisch nachhaltigen Entwicklung im Sinne eines ,equitable, sustainable development'.

Ich sollte vielleicht hinzufügen, daß das Problem des Bevölkerungswachstums wohl nicht durch direkte Methoden, wie etwa einer effektiveren Empfängnisverhütung in diesen Ländern, gemeistert werden kann, weil dieses Wachstum nur ein Symptom und nicht die eigentliche Ursache der Fehlentwicklung ist. Eine wirksame Änderung kann hier m. E. nur bewirkt werden, wenn die kulturelle und wirtschaftliche Stellung der Frau in diesen Gesellschaften gestärkt wird. Dafür ist der m. E. hauptsächlich von Männern so forcierte ressourcenfressende und lebensfeindliche technische Schnick-schnack westlicher Zivilisationen unnötig. Eine auf diese Weise angestrebte Begrenzung des Bevölkerungswachstums braucht also nicht unbedingt mit einer noch höheren Belastung des Ökosystems erkauft werden.

4. Sicherheitsrisiko durch Versagen der Regelmechanismen

Die Unterschiedlichkeit und Vielgestaltigkeit der Lebensformen der verschiedenen Völker auf dieser Erde wird auch in Zukunft für die Entwicklung der Menschheit von ausschlaggebender Bedeutung sein. Dies verlangt, daß wir Kommunikationsmethoden entwickeln, welche diese Ungleichheiten in den Kulturen überbrücken helfen, wenigstens in dem Maße, daß es hier nicht zu Mißverständnissen und damit zu einer Bedrohung der Sicherheit oder des Sicherheitsgefühls dieser unterschiedlichen kulturellen Gruppen kommt. Solange diese Kommunikation nur zwischen Kulturen stattfinden mußte, die von ihrem Ursprung her noch gewisse Ähnlichkeiten oder sogar Verwandtschaften besaßen, konnte das in gewisser Weise durch geschickte Verhandlungen erreicht werden, obwohl dies, wie wir historisch wissen, auch nur in seltenen Fällen wirklich erfolgreich war. In dem Maße jedoch, wie diese Kulturen sehr verschiedenartig sind, besteht hier die große Gefahr, daß bei solchen Verhandlungen tiefgehende Mißverständnisse auftreten. Die Verhandlungen im Umkreis der Golfkrise und des Golfkriegs haben hier genügend Anschauungsmaterial gegeben, obgleich auch in diesem Fall die Frage gestellt werden muß, ob die Bereitschaft zu einer Einigung wirklich von beiden Seiten mit allem Ernst betrieben wurde. Jedenfalls sind Verschiedenheiten in Lebensanschauungen und vor allem von Rechtsnormen Anlaß genug, um hier zu grundsätzlich verschiedenen Ergebnissen zu kommen.

Bei solchen Verhandlungen werden oft die Schwierigkeiten noch dadurch erschwert, daß die Gesprächspartner nicht in der gleichen Machtposition sind. Dies führt dazu, daß der Stärkere dem Schwächeren immer diktiert, auf welche Weisen die vorliegenden Probleme systematisch geordnet werden und welche Sprache und Begriffe dabei im Mittelpunkt stehen sollen. In dieser Situation wird der Schwächere immer zu einem Heimspiel des Stärkeren gezwungen, wodurch seine eigenen Erfolgsaussichten empfindlich behindert werden. Ich glaube, daß wir hier in Zukunft noch wesentlich weitergehen müssen, als was wir gewöhnlich mit ‚Tolerierung des anderen Standpunkts' bezeichnen: Wir müssen eine andere Haltung einnehmen lernen, die sich nicht darin erschöpft, den Standpunkt des anderen gewissermaßen zu ‚erdulden', sondern versucht, in diesem anderem Standpunkt eine eigene Weisheit und Logik zu entdecken, wenigstens in dem Umfange, wie wir in unserem eigenen Standpunkt diese Weisheit und Logik zu erkennen glauben. Dies wird darauf hinauslaufen, daß man nicht nur ein Problem auf verschiedene Arten in ‚vertikale‘ Teilprobleme aufspaltet und dann geeignet wieder zum Gesamtproblem bündelt, sondern daß wir gewissermaßen auch ‚horizontale‘ oder ‚verschiedenartig schräge‘ Betrachtungsweisen zulassen, bei denen neben der analytischen Betrachtung in geeigneter Weise auch die nur schwer einfangbaren ganzheitlichen Gesichtspunkte stärker berücksichtigt werden.

Wesentlich bei allen zukünftigen Auseinandersetzungen scheint mir zu sein, daß wir kategorisch darauf verzichten, weiterhin den ‚Krieg als eine Politik mit anderen Mitteln‘ anzusehen und zuzulassen. Wir sollten klar erkennen, daß physische, militärische Gewalt zur Lösung von irgendwelchen Problemen heute absolut untauglich geworden ist. Ich sage dies nicht aus einer grundsätzlich pazifistischen Haltung heraus, sondern betrachte dies als eine Konsequenz ganz pragmatischer, nüchterner Überlegungen. Der Grund hierfür liegt einerseits in dem großen Zerstörungspotential moderner Waffen und andererseits in der extremen Empfindlichkeit unserer hochtechnisierten Zivilisation. Es war für mich eine bedrückende Überraschung, daß der Golfkrieg bei vielen von uns in Deutschland plötzlich wieder Zweifel an der These der prinzipiellen Nichtzulässigkeit von Kriegen geweckt hat, einer These, von der ich eigentlich angenommen hatte, daß sie von uns Deutschen nach den schlimmen Erfahrungen des Zweiten Weltkrieges wirklich verstanden worden war.

Die Unsicherheit an der Gültigkeit dieser These entzündete sich nicht zuletzt daran, daß bei einem so extremen Ungleichgewicht in den Kriegsfolgen von etwa 1:1000 im Vergleich beider Seiten allem Anschein nach der Sieger, der nur den geringeren Schaden hat, doch glaubt, daß sich letztlich auch heute noch für ihn ein solches Abenteuer lohnt. Ich bin aber überzeugt davon, daß er sich hierbei irrt. Wenn wir nämlich einmal nüchtern zusammenstellen, was dieser Krieg auch für den sogenannten Sieger an Positivem und Negativem gebracht hat, so werden wir ohne Schwierigkeit erkennen können, daß auch für ihn die Schadensbelastungen größer sind als die vermeintlichen Erfolge, wie etwa die erhoffte Öffnung neuer Lösungswege beim militärischen Zerschneiden von Gordischen Knoten. Denn bei der Aufstellung einer solchen Schadensbilanz werden meistens die größten Schäden gar nicht berücksichtigt, weil sie erst langfristig in Erscheinung treten. Hier denke ich an die vielfältige ökologische Erosion, die durch solche Kriege beschleunigt wird, aber dann vor allem auch – und dies wird meist vergessen – an die *ethische Erosion*. Sie kommt dadurch zustande, daß wir die für unsere Zivilisation wesentlichen gesellschaftlichen Rechtsnormen, wie z. B. die fundamentalen Menschenrechte, durch unsere eigenen Maßnahmen und Kriegshandlungen auf gravierende Weise selbst verletzen und damit unseren eigenen Menschen vorführen, wie im Zweifelsfalle auch wir selbst diese fundamentalen Rechtsnormen für disponibel halten. Denn wie kann ein moralisch und ethisch sensibel erzogenes Volk einfach hinnehmen, daß hunderttausende von Menschen, die an den zum Krieg führenden Ereignissen auch in unseren Augen überhaupt nicht ursächlich beteiligt sind – sie leben ja meist in einem diktatorischen System oder kommen ohne eigene Schuld zwischen die Fronten –, von uns als Geisel genommen und hingemordet werden. Es kann dabei gar nicht ausbleiben, daß im Laufe der Zeit unsere Forderung nach Menschenrechten relativiert wird, indem diese Rechte nur noch Freunden zugestanden werden und nicht einem ‚verhaßten Gegner'. Wie können wir verhindern, daß bei der enthusiastischen, ehrfurchtsvollen Beschreibung unserer modernen Präzisionswaffen und deren schrecklicher Wirksamkeit wir unversehens an einen Eichmann erinnert werden, der einige Jahrzehnte vorher mit derselben Sorgfalt an anderer Stelle vom Schreibtisch aus die Ausrottung ganzer Völker plante.

Ich betrachte es als eines der größten Sicherheitsrisiken der Menschheit, daß unsere heutige Zivilisation den Typ des ‚Naturausbeuters' als Symbol des Erfolgsmenschen hochstilisiert und prämiert. Wir übersehen dabei, daß seine gefeierten kurzfristigen Erfolge die langfristigen Überlebenschancen der

Menschheit verkürzen werden. Denn er verhält sich praktisch wie ein ‚Bankräuber', der sein Streben und seine Intelligenz ausnutzt, immer raffiniertere Schweißgeräte zu produzieren, mit denen er einen Tresor nach dem anderen mit Naturvermögen aufbricht, und dann auch noch diese bankräuberische Lebensweise in aller Welt als ‚das große Erfolgsrezept für alle' anpreist. Die Schwierigkeit dabei ist, daß die Natur sich diesen Raubbau ohne Widerstand gefallen läßt, weil die Natur – leider – letzten Endes kein besonderes Interesse an der Rettung des Menschen hat, geschweige denn eines uneinsichtigen Narrens, denn mit unserem törichten Gehabe bringen wir nicht eigentlich die Natur in Bedrängnis – sie fühlt sich auch im Inneren der Sonne oder eines explodierenden Sterns ‚zuhause' – sondern wir zerstören dabei unsere eigene Lebensgrundlage. Unsere Rettung muß deshalb aus unserer eigenen Vernunft kommen, und das ist – leider – wohl nur ein ziemlich schwacher Trost. Solange die Schweißgeräte billiger sind als die Beute aus den Naturtresoren, werden wir wohl ungehemmt fortfahren, Tresore zu knacken, verblendet von einer als unendlich angenommenen Phantasie des menschlichen Geistes, ohne viel Gedanken an das Fortkommen späterer Generationen zu verschwenden.

Die moderne Wettbewerbswirtschaft, die zu Leistungen motivieren soll, treibt diesen Raubbau zusätzlich an. Sie bewirkt, daß die Verhandlungsfähigkeit und die Kooperationsfähigkeit von Menschen immer weiter abnimmt. ‚Der Eine wird zum Wolf des Anderen' und dies nicht vornehmlich aus einem in der Natur des Menschen angelegten Grunde, wie wir uns dies meist fatalistisch oder in vordergründig egoistischer Absicht einreden, sondern hauptsächlich einfach dadurch, daß eine solche Haltung beim Durchsetzen der eigenen Interessen kurzfristig wirklich am erfolgreichsten ist. Wir prangern heute vielfach das Wiedererstarken verschiedener Formen eines ‚Fundamentalismus' an, worunter wir die unangemessene und übersteigerte Verallgemeinerung der Anwendung bestimmter engstirniger Rechts- und Lebensformen verstehen. Wir denken hierbei insbesondere an den Fundamentalismus im islamischen Lager. Wir übersehen m. E. dabei, daß der schlimmste Fundamentalismus dabei unser eigener Fundamentalismus ist, nämlich der, welcher in unserer doktrinären Wirtschaftsideologie zum Ausdruck kommt. Denn in dieser Wirtschaftsideologie gilt letztlich nur noch als Wert der ‚Tauschwert', den ein gewisses Gut im Handel erhält, unabhängig davon, welche eingeprägten Werte hinter diesem Gut stecken. Insbesondere gelten alle Werte der Natur als null und nichtig und werden deshalb in der kaufmännischen Rechnung als Kostenfaktor nicht berücksichtigt.

Es ist dringend notwendig, daß wir unsere eigene westliche Zivilisation im Alltagsleben wieder üppiger mit anderen und echten Werten anreichern. Die Höhe einer Kultur wird an der Vielfalt und Weisheit ihrer Werte bemessen. In unseren Festtagsreden und unserem religiösen Ritual werden ja solche anderen Werte immer wieder in höchsten Formen verbal beschworen, aber im Wettbewerb mit dem Tauschwert haben sie dann letzten Endes kaum mehr Bedeutung. Wir dürfen uns deshalb nicht wundern, daß andere Länder und andere Kulturen diese Lebenshaltung als pure Heuchelei empfinden und dieser Lebenshaltung ihre eigene, zum Teil nicht weniger bornierte, entgegensetzen. Es ist deshalb dringend notwendig, daß wir uns weltweit auf die Bewahrung und die gemeinsame Beachtung bestimmter, sehr allgemeiner Normen einigen und auch alles tun, diese Normen einzuhalten. Nichts ist dabei erfolgreicher, als wenn der Mächtige selbst sein eigenes Tun diesen Normen unterwirft. Wir können kaum darauf hoffen, daß andere diese Normen besser beachten als wir selbst, die wir uns den größten Teil aus dem Ressourcenkuchen schneiden.

Es ist dringend geboten, daß wir die vielen andersartigen Zivilisationen auf unserem Erdball in ihrem eigenen Rechte und ihrem eigenen Gehalt interpretieren, nämlich als verschiedene Möglichkeiten von Lebensweisen, die sich, wie die unserige, langfristig schon bewährt haben – denn sonst würdem sie heute nicht mehr existieren – und deshalb auch ihre Lebensberechtigung haben. Sie als ‚unterentwickelt' zu bezeichnen, erscheint mir völlig falsch am Platze, solange wir mit unserer eigenen Zivilisation noch nicht den Beweis erbracht haben, daß wir langfristig damit auch überlebensfähig sind. Es ist – so glaube ich – mehr als eine Vermutung, daß unser Lebensstil von niemandem langfristig praktiziert werden kann, ohne letztlich an der Zerstörung seiner Lebensgrundlage zu scheitern. Wir werden deshalb auf andere Lebensformen, die uns andere Völker vorleben, letztlich zurückgreifen müssen.

Im Sinne einer kulturellen Artenvielfalt sollten wir daher mit ganzem Herzen diese anderen Lebensformen als gleichberechtigt gültige Lebensweisen akzeptieren und versuchen, mit ihnen zu einer kooperativen, unsere eigene Lebensweise bereichernden Zusammenarbeit zu kommen. Wir sollten diese Vielfalt auch in unseren jeweiligen Gesellschaften zulassen und fördern. Die dadurch ermöglichten Freiheiten dürfen jedoch nicht dazu mißbraucht werden, auf Sezession und eigene Staatsbildung zu drängen. Denn der ganze Sinn dieser Vielfalt liegt doch darin, durch räumlichen Kontakt des Verschiedenartigen zu einer fruchtbaren Synthese zu kommen. Wie im Kontakt der westlichen und östlichen Kulturen für uns heute direkt erlebbar, ist das Zusammenspiel verschiedenartiger Kulturen weit mehr als nur die arithmetische Summe dieser verschiedenen Kulturen. Dieses Zusammenspiel ermöglicht uns komplementäre Sichtweisen einer für uns verborgenen Gesamtwirklichkeit, die wir für unsere eigene Lebensführung und Orientierung dringend brauchen. Die Achtung der Andersartigkeit verschiedener Kulturen geht also wesentlich darüber hinaus, nur einfach die Vielfalt und Buntheit der lebendigen Erscheinungsformen unserer Biosphäre zu bewahren, sondern hat mit der Erkenntnis zu tun, daß diese Vielfalt auch ein Spiegelbild einer höheren Ordnungsstruktur ist, die sich dem einfachen menschlichen Verstande entzieht.

5. Bedrohung der europäischen Sicherheit

Die europäische Sicherheit ist heute weniger durch die großen militärischen Potentiale bedroht, was nicht heißt, daß wir diese ganz aus dem Auge verlieren dürfen. Im Gegenteil, hier bin ich der Meinung, daß wir die Gunst der Stunde nutzen sollten, zu einem befriedigenderen Ergebnis zu kommen: Hier müssen ganz andere Formen der militärischen Sicherheit entwickelt werden, die vielleicht in Richtung der von Egon Bahr vorgestellten Europäischen Sicherheitsgesellschaft liegen. Aber: Wir können es uns nicht mehr leisten, unser ganzes Geld und intellektuelles Potential nur darauf zu verwenden. Unsere Hauptaufmerksamkeit muß vor allem darauf gerichtet sein, bedrohliche Krisen erst gar nicht entstehen zu lassen.

So wird ein wesentlicher Teil der Bedrohung der Sicherheit in Europa schon in den nächsten Dekaden durch die enorme Ungleichheit des ökonomischen Standards kommen, der hier durch das starke West-Ost-Gefälle vorgezeichnet ist. Ich sehe nicht, wie diese Ungleichheit in nächster Zeit wesentlich vermindert, geschweige denn aufgehoben werden kann. Ich befürchte sogar, daß diese Ungleichheit aufgrund der heute gültigen Wettbewerbsgesetze sich weiter verstärken wird, ähnlich wie wir dies im Weltmaßstab ja im Nord-Süd-Gefälle erleben. Die daraus resultierenden Sicherheitsprobleme lassen sich offensichtlich überhaupt nicht mit militärischen Mitteln lösen, obgleich die darauf zurückzuführenden Auseinandersetzungen immer wieder das Militär auf den Plan rufen werden.

Ethnische und kulturelle Verschiedenheit werden ihren Ausdruck in ökonomischen Unterschieden finden, die sich dann über Gewaltaktionen entladen werden. Die europäischen Staaten müssen in die Lage kommen, mit diesen schwierigen Problemen irgendwie fertig zu werden. Die ökonomischen Ungleichgewichte werden zu enormen Migrationswellen und Völkerwanderungen führen. Die reicheren Länder werden durch ein Heer von mittellosen, aber talentierten Kräften überschwemmt werden, die diesen Ländern große ‚Asylantenprobleme‘ bescheren und andererseits die

Heimatländer dieser Leute in noch größere Not stürzen. Ich hoffe, daß wir in Zukunft uns nicht gezwungen sehen, diese schwierigen Probleme mit neuen Mauern und geeignet geschulten Grenztruppen lösen zu müssen, aber ich bin hier eher pessimistisch. Offensichtlich benötigen wir dazu ganz neue Lösungsmuster, wenn wir uns mit unseren Idealen nicht völlig unglaubwürdig machen wollen. Hier glaube ich, müssen Lösungen durch tiefgreifende Reformen der Rahmenbedingungen unserer Wirtschaftsweise gesucht werden.

Es geht nicht an, daß wir weiterhin eine ‚Leistungsgesellschaft' nur im Sinne einer ‚Höchstleistungsgesellschaft' interpretieren, bei der es nicht so sehr darauf ankommt, wie groß die eigene Leistung ist, sondern darauf, ob man in bezug auf eine eingeschränkte Option besser als sein Nachbar ist, weil man dadurch diesen aus dem Feld schlagen und ihn bevormunden und beherrschen kann. Ähnlich wie der Sport, der ursprünglich einmal der Gesundheit gewidmet war, unter der übersteigerten Betonung seines Wettbewerbscharakters nun immer mehr zum Hochleistungssport bezüglich bestimmter Disziplinen verkommt, bei dem eine hundertstel Sekunde schneller zu einer tausendfach höheren Bewertung führt anstatt einfach zu einer Besserstellung, die dieser minimalen Differenz der hundertstel Sekunde entspricht, so führt dieser mörderische wirtschaftliche Wettbewerb notwendig zu einem ökonomischen Zentralismus, zu einer gnadenlosen Ausbeutung der Natur und zur Zerstörung der kulturellen Vielfalt und Eigenständigkeit der verschiedenen Völker. Es ist verständlich und auch von übergeordneten Gesichtspunkten her zu begrüßen, daß sich diese Völker dieser Nivellierung mit allen Mitteln zur Wehr setzen und damit notgedrungen und zum Schaden der Völkergemeinschaft zur Ursache von schwierigen und langwierigen Konflikten werden.

Sicherheit in einer pluralistischen Völkergemeinschaft kann nur langfristig gewährleistet werden, wenn diesen Völkern ihre ethnische Eigenständigkeit und kulturelle Unabhängigkeit zugestanden wird, was nicht mit staatlicher Unabhängigkeit verwechselt sein sollte. Diese Forderung auf dem Niveau der Völkergemeinschaft hat eine gewisse Ähnlichkeit mit der Forderung nach sozialer Gerechtigkeit innerhalb von Staatsgefügen. Dieser Pluralismus sollte jedoch nicht mit einer Relativierung aller Werte gleichgesetzt werden. Die Bewahrung des Pluralismus beinhaltet eine richtige Balance zwischen Abgrenzung und Zusammenarbeit.

Man ist dabei unwillkürlich etwas an die Struktur eines höheren Organismus erinnert, der ja nicht einfach aus einer großen Superzelle besteht, sondern aus vielen Einzelzellen aufgebaut ist, die ein enorm reiches und fast selbständiges Innenleben führen, jedoch über ihre Oberfläche auch mit dem Gesamtorganismus kooperativ und konstruktiv verbunden sind. Ich möchte diese Analogie jedoch nicht überstrapazieren.

Die Überlebensfähigkeit der Menschheit verlangt notwendig eine Vielzahl dezentraler Strukturen, ein harmonisches Zusammenleben verschiedenartiger und kulturell eigenständiger Völker auf unserer Erdoberfläche. Die eindrucksvolle Evolution unserer Biosphäre wäre wohl kaum denkbar, wenn nicht durch unterschiedliche geographische, physische und chemische Bedingungen sich verschiedenartige Nischen gebildet hätten, in denen sich neue Lebensformen entwickeln und erproben konnten, bevor sie mit den Organismen der ganzen Erde konfrontiert wurden. Ich glaube deshalb, daß auch eine fruchtbare Weiterentwicklung der menschlichen Kultur auf kulturelle Nischen angewiesen sein wird. Aufgrund der sich ständig verändernden äußeren Lebensbedingungen haben Megastrukturen in der Erdgeschichte keine langfristige Überlebenschance. Wir können auch als anderes Beispiel die Entwicklungen von Pflanzen auf überdüngten Böden heranziehen, bei denen bestimmte Pflanzenformen auf Kosten einer üppigen Vielfalt von anderen Pflanzen zu wuchern beginnen, um dann am Ende, unter veränderten Witterungs- oder Bodenbedingungen, selbst zugrunde zu gehen. Evolution auf unser Erdoberfläche hat mehr auf eine Vermehrung möglicher Option gesetzt, um höhere Flexibilität zu erlangen, als auf die maximale Ausreizung bestimmter Optionen unter vorgegebenen Bedingungen.

Ich finde es bedauerlich, daß die augenblickliche Dominanz der USA und auch Europas in der Weltkonstellation vornehmlich zu einer Diskussion geführt hat, auf welche Weise diese Länder noch effektiver die Rolle eines Weltpolizisten wahrnehmen können. Dies geht m. E. an der wesentlichen von uns erwarteten Aufgabe vorbei. Es ist doch einigermaßen absurd, wenn eine Völkergemeinschaft, die ihre Kooperationsmöglichkeiten verbessern will, damit anfängt, sich erst einmal eine gemeinsame Polizei oder gar eine gemeinsame Streitmacht zuzulegen. Ich sehe selbstverständlich, daß dies nicht der eigentliche Grund ist. Denn wir sind doch eigentlich nicht dabei, eine Weltpolizei für diesen Zweck und genau für diesen Zweck einzurichten, sondern wir haben eben aus einer vergangenen hochgefährlichen Konfliktsituation eine gigantische Militärstruktur geerbt, die jetzt dringend nach neuen Aufgaben sucht. Dies ist ja auch völlig verständlich und legitim, so wie auch die Stahlkocher von der Gesellschaft erwarten können, daß nach Schließung ihrer Stahlhütten sie nicht einfach an die Luft gesetzt werden. Das Ungemütliche an dieser Situation ist allerdings, daß hierbei nun der Aspekt einer vielfältig einsatzfähigen Polizei eine unangemessene Vorrangstellung gegenüber allen anderen Aspekten bekommt, die für das friedliche Zusammenleben einer Völkergemeinschaft noch zusätzlich erforderlich sind.

Ich empfinde deshalb bei solchen einseitigen Denkmustern, wie sie in unseren derzeitigen hitzigen Diskussionen über Blauhelme und out-of-area Militäreinsätze zum Ausdruck kommen, ein starkes Unbehagen. Ich fände es sehr gefährlich, wenn wir die im Ost-West-Konflikt entwickelte Rhetorik und auch das in der Folge entwickelte Instrumentarium einschließlich der Atomwaffen nun einfach auf die Probleme, die wir künftig mit dem Süden erwarten und haben werden, übertragen. Es ist m. E. außerordentlich wichtig, daß wir uns kategorisch von veralteten Denkweisen abwenden und uns mit Phantasie und gesundem Menschenverstand den schwierigen neuen Problemen zuwenden. Die Weiterführung der militärischen Komponenten im alten Sinne führt nicht nur zu einer nicht mehr zu rechtfertigenden finanziellen Belastung, sondern sie führt zu einer unverantwortlichen Vergeudung nicht-erneuerbarer Ressourcen und darüber hinaus auch zu einer Verschleuderung unseres höchsten Gutes, nämlich der moralischen und geistigen Ressourcen unserer Menschen, deren Potentiale wir dringend für die Lösung der vielfältigen zukünftigen Aufgaben benötigen.

Was die Bundesrepublik Deutschland anbelangt, so bin ich deshalb auch wenig geneigt, im Augenblick auf die Frage der ‚Blauhelme' einzugehen und ob wir auf irgendeine Weise die UNO zu einer Quasi-Militärmacht ausbauen sollen, was nicht heißt, daß ich eine ähnliche Einstellung auch von anderen Ländern, die eine andere historische Vergangenheit als wir haben, erwarte. Aus diesem Grund bin ich eigentlich froh, daß uns hier unser Grundgesetz, was das erweiterte militärische Engagement betrifft, einige Hindernisse in den Weg legt. Irgendwann mögen diese Fragen einmal auch für uns Bedeutung bekommen. Als Einstieg in die heute vor uns liegende Problematik erscheint sie mir aber gänzlich ungeeignet. Dies darf nun jedoch nicht bedeuten, daß wir uns nicht mit aller Kraft und Phantasie daran beteiligen, über nichtmilitärische Lösungen globaler und lokaler Konflikte nachzudenken. Im Gegenteil, wir sollten uns in hohem Maße dazu aufgefordert fühlen, uns dabei etwas Neues einfallen zu lassen und zusammen mit anderen Ländern dieses auch praktisch umzusetzen trachten.

6. Schaffung von Institutionen zur nichtmilitärischen Konfliktlösung

Es wurde vielfach darüber diskutiert, welche Aufgabe die NATO als militärisch orientiertes Bündnis in Zukunft haben soll. Auch wurden Betrachtungen angestellt, ob es andere Institutionen geben könnte, welche besser als die NATO die heute anders gelagerten militärischen Aufgaben und Anforderungen übernehmen könnten. Hier wurde insbesondere die

Westeuropäische Union genannt, dann aber vor allem die KSZE, die Europäische Gemeinschaft oder evtl. andere eigens dafür zu schaffende neue Organisationen. Es ist meine tief empfundene Überzeugung, daß Kriege heute und künftig als Mittel zur Konfliktlösung – auch als ultima ratio – nicht mehr geeignet sind. Ich sehe hier eine gewisse Parallele zum Problem des Umweltschutzes: Die langfristige Devise zu Lösung heißt dort eindeutig: Schadensvermeidung und nicht hocheffiziente, nachbessernde Reparatur von Schäden. Denn jegliche Reparatur (wegen des Entropiesatzes) verursacht unentrinnbar wieder weitere Schäden und verschlimmert damit letztlich das Problem.

Daraus folgt: Wir müssen mit voller Überzeugung und Entschiedenheit daran gehen, ein umfassendes neues Instrumentarium nicht-militärischer Art zu entwickeln, um künftige Konflikte lösen zu können. Wir haben dies bisher nicht geschafft. Für einen Naturwissenschaftler heißt dies zunächst nur, daß wir härter an diesen Problemen arbeiten müssen, um letztlich erfolgreich zu sein.

Nach langem Ringen und Zögern und unter Druck von außen haben wir solche Überlegungen hintenan gestellt und uns überreden lassen, die Notwendigkeit einer möglichen militärischen Verteidigung unseres Landes und der Allianz (den Ländern der NATO) als einzige militärische Ausnahme zu akzeptieren. Dafür ist unsere Bundeswehr geschaffen worden, und zu diesem alleinigen Zweck sind wir auch ein Teil der NATO. Ich finde es eigentümlich, daß dieser Sachverhalt so schwer begreifbar ist, wie dies in der kritischen Reaktion des Auslandes auf die zögerliche Haltung der Bundesrepublik Deutschland in der Golfkrise zum Ausdruck kam. Das Trauma der beispiellosen Verbrechen an den Juden während der Nazizeit hat uns Deutsche in der Tat dann in dieser festen Überzeugung etwas verunsichert, als die Gefahr eines Angriffs auf Israel durch den Irak drohte. Meine eigene Kritik an unserem Verhalten während der Golfkrise geht deshalb mehr in der umgekehrten Richtung, als sie vom Ausland in der Mehrheit geäußert wurde, nämlich daß wir uns durch unsere durch die Bedrohung von Israel mobilisierten Schuldgefühle so schnell in unseren 40 Jahre lang propagierten und solide fundierten Überzeugungen haben irritieren lassen.

Dies bedeutet: Nicht Rückkehr zu einem erweiterten militärischen Konzept, sondern ein noch emphatischeres Bekenntnis zu ausschließlich nicht-militärischen Konfliktlösungen. Ich würde aus diesem Grunde deshalb nicht empfehlen, Funktionen, die bisher von der NATO wahrgenommen wurden, nun auf irgend welche anderen Organisationen, etwa auf die Völkergemeinschaft der KSZE, zu übertragen. Die militärischen Optionen sollten deshalb bei der NATO belassen, aber langsam und wohlüberlegt auf ein Minimum reduziert werden. Dies wird aber nur möglich sein, wenn die anderen Optionen einer nicht-militärischen Konfliktlösung eine wesentliche Verstärkung erfahren. Hier muß wesentlich mehr Geist und Phantasie investiert werden. Und hier erachte ich die Völkergemeinschaft der KSZE als eine ausgezeichnete Basis, um neue und überzeugende Methoden und Instrumentarien zu entwickeln. Die KSZE sollte sich insbesondere mit großer Intensität darauf konzentrieren, destabilisierende Entwicklungen und Konfliktpotentiale frühzeitig zu erkennen und geeignete Maßnahmen zu initiieren. Die KSZE sollte also im Vergleich zur NATO eine komplementäre Funktion haben. Insbesondere sollte die KSZE mit Nachdruck an einer Entmythologisierung des Krieges als Problemlöser arbeiten und auf das prinzipielle Unvermögen des Krieges hinweisen, die anstehenden Probleme der Völkergemeinschaft zu lösen.

Ich habe dabei die Vorstellung, daß die KSZE hier eine gewisse Vorarbeit für eine zukünftige Neustrukturierung der Vereinigten Nationen abgeben könnte. Trotz der kulturellen Vielfalt Europas sind doch die kulturellen und ethnischen Unterschiede in Europa vergleichsweise dann doch nicht so groß, als daß man hier nicht auf eine einvernehmliche Einschätzung der grundsätzlichen Fragen hoffen könnte. Indem wir im Rahmen der KSZE anfangen, die Probleme vom Westen her aufzurollen, um dann langsam Schritt für Schritt in die komplexeren und schwierigeren Fragen von Osteuopa und schließlich auch der früheren Sowjetunion bis nach Wladiwostok vorzudringen, könnten wir hoffen, daß dieser Prozeß, wenn er erfolgreich ist, dann auch zur Nachahmung ermuntert und sich in der Folge weiter auf die übrige Völkergemeinschaft dieser Erde ausdehnt.

Die große Gefahr dieses Ansatzes liegt selbstverständlich darin, daß dies zu einem neuen Eurozentrismus führt, was die sogenannte Dritte Welt mit ihren wesentlich schwierigeren Problemen vielleicht in noch größere Katastrophen stürzen könnte. Manche vermuten jedoch auch, daß eine stärkere Beschäftigung der Europäer mit sich selber auch der Dritten Welt eine große Chance bieten könnte, ihren eigenen Weg in die Zukunft zu finden, was ich in der Tat für ihre eigene Gesundung für unverzichtbar halte. Die Frage dabei ist selbstverständlich, inwieweit wir durch unsere bisherige starke Einflußnahme ihre Eigenständigkeit und ihre Regenerationsfähigkeit so geschwächt haben, daß sie dies aus eigener Kraft nicht mehr vermögen. Um diesen Eurozentrismus abzufedern, würde ich deshalb vorschlagen, daß bei allen Verhandlungen der KSZE zur friedlichen Konfliktlösung und der Lösung ihrer eigenen Probleme Vertreter der übrigen Welt ständig als Beobachter zugelassen werden. Ich halte es für außerordentlich wichtig, daß diese Länder an diesem wichtigen und schwierigen Lernprozeß, der sich über viele Jahre hinziehen und die besten Geister beanspruchen wird, auch persönlich teilnehmen können, um die für ihre Länder wichtigen eigenen Schlußfolgerungen zu ziehen und damit auch die Problemlösungen dieser Länder in der ferneren Zukunft zu erleichtern. Vielleicht sind Gründungen von KSZE-artigen Organisationen in anderen Regionen der Welt ein wichtiger Zwischenschritt, um langfristig den Vereinten Nationen zu einem neuen Profil und zu einer erweiterten Kompetenz zu verhelfen.

Die 1,5-Kilowatt-Gesellschaft – Intelligente Energienutzung als Schlüssel zu einer ökologisch nachhaltigen Wirtschaftsweise

1. Einführung

Die folgenden Überlegungen haben mit der Vision einer ökologisch nachhaltigen, gerechten und lebenswerten menschlichen Zivilisation zu tun, eine Utopie, deren Realisierung aus heutiger Sicht unwahrscheinlich erscheint. Und doch müssen wir wohl, wenn wir der Menschheit langfristig eine Überlebenschance sichern wollen, eine solche Zivilisation mit allen Mitteln anstreben. Dies überhaupt zu versuchen, verlangt nicht, daß wir zu Traumtänzern werden und unsere Augen vor der eigentlichen Wirklichkeit verschließen. Im Gegenteil: Wir sollten die Wirklichkeit in vollem Umfange ins Visier nehmen und dabei erkennen, daß die Zukunft nicht einfach nur eine festgefügte Fortsetzung der Vergangenheit ist, die uns mit unverrückbaren Wahrscheinlichkeiten notwendig in bestimmte Richtungen zwingt, sondern daß die Zukunft im weit höherem Maße offen ist als es unserer durch vergangene Erfahrung und selektive Wahrnehmung konditionierten Phantasie auf den ersten Blick erscheinen mag. Wir sind aufgefordert, die Zukunft im vollem Bewußtsein unserer Einbettung in einen größeren Zusammenhang mitzugestalten, anstatt uns fatalistisch dem sogenannten ,natürlichen Lauf' der Dinge zu ergeben, die immer mehr Folgen unseres eigenen maßlosen Tuns sind. Lassen wir uns also bei den uns wünschenswerten Zielen nicht von der vermeintlichen Unwahrscheinlichkeit ihrer Verwirklichung abschrecken. Prüfen wir vielmehr deren *prinzipielle Möglichkeit* und überlegen wir uns Wege, die von der Unwahrscheinlichkeit über die Wahrscheinlichkeit zur Tatsächlichkeit führen könnten. Dies bedeutet keine Aufforderung zu einer ‚Augen-zu-und-durch'-Strategie, sondern zu einem Handeln, daß in weit höherem Maß als wir dies heute tun, die hohe Komplexität und die wechselseitigen Bedingtheiten der Wirklichkeit wahrnimmt und berücksichtigt. ‚Ganzheitlich wahrnehmen, global denken *und dann auch lokal handeln,* sollte dabei unsere Devise sein.

Es ist selbstverständlich unmöglich in einem kurzen Vortrag, den vollen Bogen zu spannen. Ich will es trotzdem in Ansätzen versuchen mit dem Ziel, daß am Schluß etwas steht, was mit konkretem praktischen Handeln zu tun hat. Diese Absicht soll auch mein Vortragstitel ausdrücken, der sogar – konkreter geht es wohl nicht – eine benannte Zahl ‚1,5 Kilowatt' enthält, was bei manchem allerdings nur Assoziationen zum elektrischen Strom weckt, hier jedoch allgemeiner auf die Frage abzielen soll, welche Energieansprüche jeder von uns vernünftigerweise in Zukunft stellen darf, ohne unsere Erde irreversibel zu ruinieren. Mein Vortrag bewegt sich also allgemein in dem heute so heiß diskutierten Spannungsfeld von Ökologie und Ökonomie. Ich bin mir voll bewußt, daß zu diesem Thema hier in Wuppertal zu reden bedeutet, ‚Eulen nach Athen zu tragen'. Dennoch: Im ersten Jahr der Europäischen Union, wo in der Öffentlichkeit vielfach Hoffnungen auf wachsende Märkte und Wohlstandsverbesserungen keimen, sollte immer und immer wieder auf die eigentlichen Grundprobleme unserer heutigen wirtschaftlichen Entwicklung hingewiesen und über geeignete Abhilfen laut nachgedacht werden.

Unsere wirtschaftlichen Betrachtungen und Handlungsweisen lassen ja in der Regel völlig unberücksichtigt, inwieweit die globale gesamtwirtschaftliche Entwicklung überhaupt mit der notwendigen Vorbedingung verträglich ist, das endliche und nicht beliebig robuste Ökosystem unserer Erde, in dem wir Menschen auf Gedeih und Verderb eingebettet sind, uns langfristig als Lebensgrundlage zu erhalten. Ursprünglich hatte die wirtschaftliche Entwicklung ja vor allem zum Ziel, dem Menschen die physischen Bürden des Leben-

salltags zu erleichtern und sein allgemeines Wohlbefinden zu
fördern. Aufgrund der speziellen Rahmenbedingungen und
Spielregeln unseres Wirtschaftssystems, die nicht nur zu hohen Leistungen, sondern zu *Höchst*leistungen in einem
ganzen begrenzten Sinne zwingen, hat sich jedoch hier eine
verhängnisvolle Eigendynamik entwickelt, die unserer Steuerung zu entgleiten droht oder bereits schon entglitten ist.
Ähnlich wie dem Sport durch die Forderung zur Höchstlei-
stung im unerbittlichen Konkurrenzkampf seine ursprüngliche Bestimmung zur Gesundheitsförderung langsam verloren
geht, so wird die Wirtschaft ihrer Aufgabe, die wesentlichen
Bedürfnisse der Menschen zu befriedigen, immer weniger gerecht. So zeichnet sich doch immer deutlicher ab, daß das un-
erbittliche Wettrennen der verschiedenen Länder und Länder-
gruppen um größere Marktvorteile letztlich von denjenigen
gewonnen werden wird, die am schnellsten, raffiniertesten
und umfassendsten die Naturschätze unserer Erde zu ihren
Gunsten auszuplündern vermögen. Dieses Wettrennen
gleicht deshalb immer mehr einem *Wettsägen* an dem Ast,
auf dem wir letztlich alle sitzen. Hierbei ist die beunruhi-
gende Erkenntnis wichtig, daß dieses unsinnige und selbst-
mörderische Tun in keiner Weise ,unnatürlich' ist. Denn die
Natur wird niemanden in den Arm fallen, seine eigenen langfristigen Überlebenschancen zu mindern, so wie die Natur ja
auch keine direkten Hinweise gibt, Überlebensvorteile besser
wahrzunehmen. Sie überläßt vielmehr alle diese Entscheidungen, scheinbar teilnahmslos, dem ewigen Spiel von ,Ver-
such und Irrtum'.

Unsere geistigen Fähigkeiten erlauben uns, Gesetzmäßigkeiten in der Natur zu erkennen und damit in gewissem Umfange Zukünftiges vorherzusehen und vorherzusagen. Durch
geeignete Manipulation des Gegenwärtigen erwächst uns dadurch die Fähigkeit, in gewissem Umfange Prozesse in eine
von uns gewünschte Richtung zu lenken. Es ist diese Fähigkeit eines bewußten Verständnisses der Natur zusammen mit
unserer (in einer langen erfolgreichen Stammesentwicklung
etablierten) Vernunft, die uns prinzipiell die Flexibilität gibt,

nicht alle Versuche und die dabei möglichen Irrtümer mitsamt ihren negativen Folgen (einschließlich des totalen Scheiterns) auch *wirklich und tatsächlich* ausführen zu müssen, sondern nicht-erfolgversprechende Wege in weiser Voraussicht von vorneherein zu meiden. Diese Flexibilität stellt in der Tat einen enormen Überlebensvorteil dar, vorausgesetzt jedoch, wir nutzen sie. Denn die Natur fühlt sich von uns keineswegs brüskiert, wenn wir mit dem monotonen Hinweis, ‚Realisten' zu sein – also in freiwilliger Beschränkung (wie Walter Kroy das einmal so schön formuliert hat), die Welt nur ‚durch den Rückspiegel zu beurteilen' –, starrköpfig darauf bestehen, unsere besonderen zukunftsahnenden Fähigkeiten ungenutzt zu lassen und partout alle Fehlentwicklungen voll ausbaden zu wollen. Die Natur wird uns dann eben nach altbewährter Methode – wie unzählig viele Lebensformen vor uns, die wegen Unvermögens oder Dummheit sich nicht vorteilhaft in die über viermilliarden Jahre währende Entwicklung einklinken konnten – einfach aus der Evolution entlassen. *Die Natur kann nämlich ohne uns leben, aber wir nicht ohne die Natur und ihr auf der Erdoberfläche speziell ausgeprägtes Ökosystem, in das wir eingepaßt sind.*

2. Ökologisch nachhaltige Wirtschaftsweise

Es erscheint offensichtlich: Ohne eine Änderung der Rahmenbedingungen und der Spielregeln der von uns praktizierten Ökonomie können keine der uns heute bedrängenden Probleme – der Friedenssicherung, des Ressourcenschutzes, der Mitweltverträglichkeit und der Herstellung und Bewahrung wirtschaftlicher, gesellschaftlicher und kultureller Ausgewogenheiten zwischen den Menschen und den Völkern – langfristig gelöst werden. Bei der jetzigen wachstumsorientierten Wirtschaftsweise lassen wir nämlich irrtümlicherweise die wesentliche und notwendige Einbettung des Menschen in seine natürliche Mitwelt außer acht. Wir tun dies, weil wir aus der beobachteten relativen Robustheit des in mehr als vier Milliarden Jahren stetig gewachsenen und hochausgetesteten Ökosystems der Erde den fatalen Fehlschluß ziehen, die Umwelt sei ein unendlich ergiebiges und unendlich nachsichtiges Medium, aus dem wir nach Belieben einerseits Ressourcen für unsere wachsende Produktion und unseren üppigen Lebensstil entnehmen und in das wir andererseits die dabei entstehenden Abfälle alle folgenlos abkippen können. Ähnlich wie bei einem gesunden Körper, den wir vermöge eines differenzierten und leistungsfähigen Immunsystems getrost Krankheiten aussetzen und dadurch seine Gesundheit sogar noch weiter stärken können, so läuft dies alles relativ glimpflich ab, solange die äußeren Eingriffe nicht zu massiv oder für das System zu fremdartig werden.

Es gibt in der Natur ein wichtiges Grundgesetz – in der Physik als Entropiesatz oder ‚Zweiter Hauptsatz der Thermodynamik‘ bekannt, nach dem in abgeschlossenen Systemen eine unwahrscheinliche Konfiguration (kleine Entropie) im Laufe der Zeit sich automatisch in eine wahrscheinlichere (mit größerer Entropie) verwandelt. Dies hat die wesentliche Konsequenz, daß jegliche Ordnungsstruktur in einem System, jede Besonderheit, jedes Ausgezeichnetsein letztlich abgebaut und zerstört wird, sich also von alleine in Unordnung auflöst, wenn nicht von außen eine ordnende Hand eingreift. Das überrascht uns nicht. Wir können diese Erfahrung täglich bei unserem Schreibtisch machen.

Zu diesem ‚natürlichen‘ Trend zur Ordnungsminderung oder auch – wenn wir sinngemäß höher differenzierte Strukturen mit einem höheren Wert belegen – zur ‚Wertzerstörung‘ beobachten wir nun auf unserer Erdoberfläche erstaunlicherweise eine Gegenentwicklung der ständigen ‚Wertschöpfung‘ oder ‚Werterzeugung‘, wie sie am deutlichsten in der Evolution des Lebendigen zu immer höher differenzierten Organismen zum Ausdruck kommt. Dieses scheinbar anormale Verhalten zur ‚Wertsteigerung‘ und strukturellen Höherentwicklung geschieht aber *nicht* im Widerspruch zum Entropiesatz, der eine automatische Vermehrung von Unordnung oder Entropie fordert, sondern ist eine Folge davon, daß die Erde im elektromagnetischen Strahlungsfeld der Sonne liegt. Durch das Sonnenlicht wird der Erde dauernd Ordnungsenergie oder Syntropie (negative Entropie) zugeführt. Die Sonne spielt also gewissermaßen in der Evolution des Lebens die Rolle einer ständig ‚ordnenden Hand‘, welche den allgemeinen Wertzerfall teilweise in einen Wertzuwachs umkehrt. Es ist diese ständige Syntropiezufuhr – dieses stetige ‚Einkommen‘ an Ordnungsenergie, an Syntropie, das wir täglich kostenlos von der Sonne entgegennehmen, welche die Evolution des Lebendigen auf der Erde vorantreibt und die primar auch für die Wertschöpfungsprozesse der Menschen verantwortlich ist.

Wenn wir dabei von einem ‚Wertschöpfungsprozeß der Menschen‘ sprechen, so muß dieser hier zunächst in der hier verwendeten allgemeineren Bedeutung verstanden werden und nicht in dem in der Ökonomie üblichen eingeschränkteren Sinne. In der Ökonomie bezieht sich Wertschöpfung ja im wesentlichen auf die ‚Erzeugung von Tauschwerten‘, was in der Regel bei der hier verwendeten Werte-Definition mehr einem ‚Wertvernichtungsprozeß‘ gleicht. Denn die enorme industrielle Entwicklung wurde erst möglich durch eine sekundäre Nutzung der Sonnen-Syntropie über die fossilen Energieträger Kohle, Erdöl und Erdgas. In einem Jahrhundert verschleudern wir mit diesen Energieressourcen ein ungeheures Syntropie-‚Vermögen‘ unserer Erde, das in der Vergangenheit – vermöge der Photosynthese energiereicher Kohlenstoffverbindungen durch grüne Pflanzen und Kleinorganismen – über hunderte von Jahrmillionen aus der Sonneneinstrahlung (also millionenmal langsamer) aufgesammelt wurde.

Die ‚Wertschöpfung‘ und Produktivität moderner Industriegesellschaften gleicht deshalb mehr der Methode eines Bankräubers, der die geringen Kosten seiner Schweißgeräte mit den wesentlich größeren ‚Gewinnen‘ bilanziert, die ihm als Beute beim Knacken von immer neuen und reicher gefüllten Tresoren mit Naturschätzen zufällt. Dieser Vergleich mag schief erscheinen. Denn wie insbesondere Wirtschaftswissenschaftler immer wieder betonen: Die uns umgebende Natur sei doch unermeßlich reich an Naturschätzen, die niemanden gehören (warum also Raub?), und außerdem seien diese Naturschätze ja in der natürlich vorkommenden, in der Erde verborgenen Form zunächst völlig wertlos (warum also Schätze?), wenn eben nicht der intelligente, einfallsreiche menschliche Geist genügend Verstand entwickelt hätte, sich hierzu einen geeigneten Zugang zu verschaffen. Die von niemanden bestrittene Endlichkeit bestimmter nicht-erneuerbarer Ressourcen erscheint also bei dieser Betrachtung im wesentlichen unwirksam, da sie gewissermaßen immer wieder durch die unbegrenzte Phantasie des Menschen, sich immer neue Ressourcen zu erschließen, überlistet oder sogar überkompensiert wird.

Bei einem Rückblick auf die Vergangenheit mit ihren großen wissenschaftlich-technischen Erfolgen mag diese Vorstellung gerechtfertigt erscheinen. *Dies bedeutet jedoch nicht, daß sie letztlich schlüssig ist.* Im Gegenteil: Die hemmungslose Eskalation im Verbrauch nicht-erneuerbarer Ressourcen führt in der Folge zu einer immer mehr beschleunigten Erschöpfung dieser Ressourcen und ihrer nachfolgenden Ersatzstoffe. Die Substitution von Ressourcen gelingt nämlich nur teilweise und ist letztlich begrenzt, weil auch Naturwissenschaftler keine Zauberer sind, obgleich sich manche in diesem Sinne sehen und als solche anbieten. Es erscheint beliebig unwahrscheinlich, daß diese losgetretene Lawine *aus sich heraus* je geeignete Gegenkräfte wird entwickeln können, um ihre Dynamik einzufangen, bevor sie, wegen der Endlichkeit der Erde, in einer vor allem für uns Menschen gigantischen Katastrophe endet.

Diese offensichtliche *Destabilisierung* wird darüber hinaus noch erheblich verschärft durch eine *direkt damit gekoppelte Eskalation* in der Erzeugung von ‚Müll‘, als was wir die Endprodukte dieser Ressourcen ansehen, die – weil für uns unbrauchbar – nicht mehr auf eine geeignete Weise zum Anfangspunkt des Produktionskreislaufes zurückgeführt werden.

Auf Grund des Entropiesatzes ist jeglicher Wertzuwachs immer gleichzeitig mit einem Wertzerfall verknüpft. Dies ist für uns jedoch oft nicht so sichtbar, weil die Wertminderung etwa durch eine nicht wahrgenommene Verwandlung von hochwertiger Energie – zum Beispiel elektrischer Energie oder chemischer Energie eines Brennstoffes – in minderwertige Wärmeenergie erfolgt. Je weniger und je langsamer Umwandlungen stattfinden, umso geringer der Wertzerfall oder der Syntropieverbrauch. Deshalb sind *Mäßigung und Entschleunigung* die besten Voraussetzungen, um bei Syntropiezufuhr den ‚unnatürlichen' Aufbauprozessen gegenüber den ‚natürlichen' Abbauprozessen eine Chance zu geben. Im Gegensatz zur Technik, die vor allem in ihrer alten Form rasante, hochbeschleunigte Prozesse bevorzugt und damit Syntropie nutzlos verschleudert, bevorzugt die uns umgebende Natur bei ihren Umwandlungen genügend sanfte und langsame Prozesse, um die Syntropie voll auzunutzen.

Da die Zukunft wegen der komplexen Struktur der Wirklichkeit in wesentlichen Teilen nicht nur praktisch, sondern *prinzipiell nicht prognostizierbar* ist – physikalisch sprechen wir in diesem Zusammenhang von einem ‚deterministischen Chaos'-, liefert die in der Technik an einfachen Systemen erfolgreich erprobte und deshalb dominant bevorzugte Strategie, Prozesse bezüglich bestimmter, ausgewählter Optionen zu maximieren, nur kurzfristige Vorteile. Um langfristig überlebensfähige Strukturen zu entwickeln, müssen vielmehr Entwicklungsprozesse gewählt werden, bei denen die *Zahl möglicher Optionen* maximiert wird, damit höhere Flexibilität und deshalb eine bessere Anpassungsfähigkeit an sich verändernde äußere Bedingungen erreicht wird. Die Existenz des Menschen ist dafür das beste Beispiel. Aus diesem Grunde dominiert in der uns umgebenden Natur die *differenzierte Vielfalt über die machtvolle Einfalt,* und dies nicht – so viel wir heute wissen – aufgrund einer eingeprägten Absicht der Natur, sondern als *Ergebnis* eben dieses Ausleseprozesses. Ein Evolutionsprozeß, der höher differenzierte Strukturen hervorbringen will, muß daher genügend langsam erfolgen, um den vielfältigen Neuschöpfungsversuchen eine Chance zu geben, ihre Lebensfähigkeit und möglicherweise ihre relative

Überlegenheit in Wechselwirkung mit den schon existierenden Lebensformen gründlich zu erproben. Es wäre deshalb für uns Menschen ratsam, bei unseren Handlungen die Natur nicht als unseren Gegenspieler zu betrachten, sondern voll mit ihr zu kooperieren, um an ihrer über viermilliarden Jahre alten Erfahrung teilzuhaben. Wir müssen unser Handeln und Wirtschaften so ausrichten, daß wir die Vitalität und Produktivkraft unseres irdischen Ökosystems – d. h. seine ökologische ‚Nachhaltigkeit' im Sinne der ‚Sustainability' – in unserem eigenen Interesse fördern und nicht zerstören.

3. Realisierung einer ökologisch nachhaltigen Wirtschaft

Doch wie läßt sich eine *ökologisch nachhaltige Wirtschaft* in unseren heutigen ‚real existierenden' Gesellschaftssystemen praktisch verwirklichen? Hier stehen wir vor einer fast unlösbaren Aufgabe. Denn die Möglichkeit, irgendwelche Ziele überhaupt ‚aktiv' ansteuern zu können, setzt zunächst eine prinzipielle Steuerungsfähigkeit des gesellschaftlichen Systems voraus, was wiederum eine ausreichende Flexibilität und Reaktionsfähigkeit seiner Glieder verlangt. Dies kann wohl nur bei einer genügend weitgehenden *Dezentralisierung* der gesellschaftlichen Gesamtstruktur erreicht werden. Denn Flexibilität verlangt notwendig eine umfassende und unabhängige Partizipation der Menschen, was nur in relativ kleinräumigen Strukturen – ‚small is beautiful' (nach Fritz Schuhmacher und seinem geistigen Vorgänger, dem Alternativen Nobelpreisträger 1983 Leopold Khor) – funktioniert, da sie wechselseitige Dialoge voraussetzt. Auch brauchen wir dringend zur Orientierung ‚neue' Wertvorstellungen. Vermutlich müssen die Werte dabei gar nicht so neu sein, sondern könnten unmittelbar an den tradierten Weisheiten der alten Weltkulturen anknüpfen, die uns Liebe, Mitgefühl und Kooperation lehren. Dem gegenüber scheint unser westlicher ‚wissenschaftlich-technisch-wirtschaftlicher Fundamentalismus' – mit seiner irrigen Vorstellung, bei ausreichender Kenntnis aller Gegebenheiten letztlich alles ,in den Griff' bekommen zu können, und mit seiner primitiven Bewertung, alle Werte entsprechend dem Tauschwert allein durch Geld zu beziffern – eher in letzter Konsequenz zu Sinnentleerung, Erstarrung und Einebnung ethnischer und kultureller Vielfalt zu führen. Ethnische und kulturelle Vielfalt ist jedoch für die Überlebensfähigkeit der Menschheit so wichtig wie die Artenvielfalt für die belebte Natur; sie ist der hochdifferenzierte Humus, aus dem neue Formen wachsen müssen. Allerdings wird die ethnisch-kulturelle Vielfalt ihre vitalitätsstärkende Rolle nur spielen können, wenn diese nicht durch Arroganz und Machtstreben in unzähligen, unfruchtbaren Nationalitätenstreitigkeiten zermürbt und aufgerieben wird, sondern in wechselseitiger Hochachtung und aktiver Toleranz, im Geltenlassen eines ,sowohl-als-auch' ihre synergetischen und symbiotischen Wechselbeziehungen entwickelt, bei denen zum Nutzen aller das Ganze mehr wird als die Summe seiner Teile.

Die vor uns stehende Aufgabe einer *ökologisch nachhaltigen Wirtschaft* ist in der Tat gigantisch und ihre Realisierung, wie von allen ,Realisten' immer wieder betont, *absolut utopisch*. Wenn aber – wie immer gesagt wird – die Utopien von gestern die Realitäten von heute sind, so müssen den Realitäten von morgen Utopien heute vorausgehen. Viele betonen in diesem Zusammenhang, daß dies vor allem und zunächst einen grundlegenden Bewußtseinswandel bei uns in den industrialisierten Ländern und eine entsprechende Veränderung unseres Lebensstils nötig macht. Das ist zweifellos richtig. Aber wir würden dazu wohl die Einsichtsfähigkeit und den Idealismus der Menschen überfordern. Zur Unterstützung dieses Prozesses müssen dringend die Gesetze staatlicher Verfassungen und die Rahmenbedingungen der Wirtschaft derart geändert werden, daß in dem von ihnen zugelassenen freien Spiel der Kräfte die augenblickliche krasse Diskrepanz zwischen ökonomischer und ökologischer Rationalität gemildert und langfristig aufgehoben wird. Recht und Wirtschaft müssen ihre Naturvergessenheit überwinden und in ihren Normen und Handlungsweisen berücksichtigen, daß unsere Umwelt künftig nicht mehr als kostenlose Goldmine und Müllkippe einkalkuliert und mißbraucht wird. Umweltschutz nur als einen gigantischen Reparaturbetrieb zu interpretieren, wie dies vornehmlich heute geschieht, ist kurzsichtig und irreführend, da jegliche vermehrte Aktivität (sofern sie nicht einer besseren Verwertung der Sonnensyntropie dient) – aufgrund des Entropiesatzes – notwendig irgendwo zusätzliche Zerstörung bewirkt. Wir müssen deshalb mit aller Kraft auf Formen der Produktion und des Verbrauchs hinwirken, bei denen Schäden von vornherein weitgehendst vermieden werden.

Die Einführung ökologisch motivierter gesetzlicher Rahmenbedingungen in eine Wirtschaftsordung steht *nicht* im Widerspruch zur Vorstellung einer ‚freien Marktwirtschaft‘ in ihrer urspünglichen Bedeutung, weil Freiheit nie von Verantwortung entkoppelt werden kann. Auch die bisher üblichen Marktmechanismen sind ja nicht ‚frei‘ im Sinne von ‚willkürlich‘, da sie sich an gewisse Normen – so vor allem die Menschenrechte, die verfassungsmäßige Ordnung, die Sittengesetze und andere Gesetze von Recht und Ordnung – halten müssen. Es ist dringend geboten, hier *weitere Forderungen* zu erheben, um wenigstens die verbal proklamierten Bedingungen des Generationenvertrags zu erfüllen, der uns doch verpflichtet, nach Möglichkeit unseren Kindern keine minderwertigere Erde als die von unseren Eltern übernommene zu hinterlassen.

Jeder, der sich einmal mit den Fragen des ‚nachhaltigen Wirtschaftens‘ befaßt hat, weiß selbstverständlich, wie schwierig es ist, präzise zu beschreiben, was wir nun eigentlich praktisch darunter verstehen sollen. Es erscheint unmöglich, den Begriff der ‚Nachhaltigkeit‘ genügend zu konkretisieren, um ihn etwa in Form eines allgemeinen Rezeptbuches für alle Interessenten anwendbar zu machen. Das hat nicht nur mit einer augenblicklichen Unkenntnis zu tun, die etwa durch weitere Forschung und Expertisen ausgeräumt werden könnte, sondern ist von einer prinzipiellen Art. Genau betrachtet sind wir dabei nämlich als Menschen in keiner schlechteren Situation als die ‚Natur‘ selbst: denn die ‚Natur‘ auf der Erde versucht ja (unserer heutigen Kenntnis nach) *nicht* ihre langfristigen, nach immer weiterer Differenzierung strebenden Ordnungsstrukturen aufgrund eines umfassenden Superplanes (mit einem bestimmten Ziel im Auge) zu verwirklichen, sondern sie muß diese nach dem Prinzip von ‚Versuch und Irrtum‘, gewissermaßen spielerisch, aber unter optimaler Ausnützung synergetischer Vorteile – also konstruktiven Zusammenwirkens schon existierender Lebensformen – herausfinden. Nachhaltigkeit wird also nicht in der genauen Befolgung ganz bestimmter Rezepte, sondern durch eine *offene, aufmerksame, umsichtige Lebenseinstellung* erreicht.

Leichter ist es dagegen anzugeben, welche Maßnahmen und Verhaltensweisen ein ökologisch nachhaltiges Wirtschaften verschlechtern oder befördern werden, was allerdings nicht heißt, daß wir dadurch der Lösung unserer Aufgabe schon wesentlich näher wären. Denn die eigentlichen Schwierigkeiten treten doch bei der praktischen Umsetzung auf. Hierbei müssen wir einerseits schmerzhaft erkennen, daß wir uns selbst als Verbraucher und potentieller Nutznießer im Wege stehen. Andererseits müssen wird zusätzlich auch gegen alle die vielfältigen Machtstrukturen ankämpfen, deren Reichtum und Einfluß zu wesentlichen Teilen ja bisher durch ein ‚Nicht-nachhaltiges Wirtschaftsverhalten‘ gespeist wurden. Um bei den Änderungsbemühen nicht sofort Don-Quixotisch zu scheitern, ist es deshalb wichtig, sorgfältig nach ‚Katalysatoren‘ zu suchen, die nüchtern und illusionslos von den bestehenden wirtschaftlichen und politischen Kräfte ausgehen und sie konstruktiv für die notwendigen Transformationen einzuspannen versuchen.

4. Energie als Schlüssel zum Einstieg

Im Hinblick auf die notwendigen Veränderungen unserer Wirtschaft in Richtung auf eine ökologisch nachhaltige Wirtschaftsweise kommt den Fragen der langfristigen Energieversorgung und -nutzung eine Schlüsselrolle zu. Dies ist offensichtlich, spielt doch die ‚arbeitsfähige' Energie und die mit ihr verbundene Syntropie als Motor aller Umwandlungsprozesse in der Natur eine entscheidende Rolle. Dazu kommt, daß Fragen der Energie, verglichen mit den hochkomplexen ökologischen Problemen, wissenschaftlich und technisch einfacher zu fassen sind. Deshalb bietet sich die Energieproblematik als *Einstieg* in die umfassende Problematik einer ‚Nachhaltigen Wirtschaft' besonders an und erscheint auch als Ansatzpunkt für eine praktische Umsetzung in der Gesellschaft hervorragend geeignet.

Zunächst einige begriffliche Klarstellungen. Für den Physiker ist die Energie eine Größe, für die ein strenger Erhaltungssatz gilt, was besagt: Energie wird nirgends erzeugt und nirgends verbraucht. Energie kann sich nur von einer Form in eine andere verwandeln, z. B. von elektrischer Energie in Bewegungsenergie oder in Wärmeenergie. Was wir verbrauchen, ist eigentlich nicht Energie, sondern wir brauchen zunächst etwa: Licht zur Beleuchtung, Kraft zum Antrieb einer Maschine oder zur Verformung von Materialien, ein warmes Zimmer, die Möglichkeit zum Kochen, uns schneller als zu Fuß fortzubewegen usw. Wir nennen dies *Energiedienstleistungen*. Sie hängen eng mit der vorher schon erwähnten Ordnungseigenschaft Syntropie zusammen. Die verschiedenen Formen der Energien sind nämlich nicht gleichwertig. Es gibt kostbare, ‚arbeitsfähige' Energie (mit hoher Syntropie), wie z. B. elektrische oder mechanische Energie und nutzlose, ‚nicht-arbeitsfähige' Energie, wie z. B. gleichverteilte Wärmeenergie. Bei jeder Umwandlung von Energien findet gewöhnlich eine Qualitätsminderung der Energie statt, wird Syntropie verbraucht. Bei Energiedienstleistungen wird höherwertige Energie in minderwertigere Energie, meist Umgebungswärme, verwandelt.

Wenn wir z. B. Auto fahren, so wird letztlich – wenn wir an unseren Ausgangspunkt zurückkehren – keine Energie verbraucht. Vielmehr wird die im Benzin gespeicherte chemische Energie vollständig in Wärmeenergie der Reifen, der Straßen, der Bremsbeläge, der Luft usw. verwandelt. Auch ein warmes Zimmer braucht keine Energie. Die Heizung ist nur zur Kompensation der Wärmeverluste an die kältere Umgebung nötig.

Intelligente Energieerzeugung und Energienutzung bedeutet deshalb die Qualitätseigenschaft der Energie, ihre *Syntropie bestmöglich zu nutzen.* Hier liegen enorme Möglichkeiten für eine effizientere Befriedigung unserer vielfachen Bedürfnisse. Diese Potentiale werden gewöhnlich weit unterschätzt, zum Teil weil sie unter der üblichen Bezeichnung ,Energieeinsparungen' bei uns ganz falsche Assoziationen und meist mit negativer Färbung wecken.

Bei der Betrachtung verschiedener Energieformen ist es lehrreich, sich einmal anschaulich ihre quantitativen Entsprechungen vor Augen zu führen. Ein Vergleich der mechanischen, elektrischen und thermischen Energie-Einheiten liefert aufschlußreiche Überraschungen. So läßt sich z. B. bei Verbrennung von 1 kg Steinkohle, also etwa von zwei Händen voller Eierkohlen, eine Tonne oder 1000 l (100 Eimer) Wasser um 7° erhitzen. Mit derselben Energie kann man aber dieselbe Wassermenge, also eine Tonne Gewicht, etwa 3000 m hoch heben! Dies entspricht der mechanischen Arbeit eines Zugpferdes für einen ganzen Arbeitstag (10 Stunden) oder von vier Menschen von Sonnenaufgang bis Sonnenuntergang. Elektrisch betrachtet entspricht dies 8 Kilowattstunden, also der von einer Kochplatte (1 kW) über 8 Stunden abgegebenen Wärmeenergie. Auffallend ist also, wie wenig kostbar mechanische Energie ist und damit auch die physische Arbeitsenergie des Menschen. Verglichen mit den Stromkosten dürften wir einem Sklaven mit seiner körperlichen Energieleistung von etwa einer Fünftel Kilowattstunde pro Stunde nach heutigen Stromtarifen nur etwa 50 Pfennig für seinen zwölfstündigen Arbeitstag oder etwas mehr als 4 Pfennig für die Arbeitsstunde bezahlen. Hier wird deutlich, was *billige* Energie heißt.

Wir können dies noch anschaulicher machen, wenn wir diese Zahlen mit dem durchschnittlichen Energieverbrauch einer einzelnen Person (Mann, Frau, Kind) in den Industrienationen und den Entwicklungsländern vergleichen. Der Leistung 1 kW, d. h. von durchschnittlich 1 kW-Stunde (kWh) für jede Stunde Tag und Nacht, entsprechen mehr als die Leistung eines Pferdes oder von vier Menschen in dauerndem Einsatz oder 1/10 l Erdöl pro Stunde. Da Menschen (und auch Pferde) nicht ununterbrochen arbeiten können, ist die bessere Vergleichszahl 1 kW ≈ 10 Sklaven. Bei einer mittleren Energieverbrauchsleistung von 11 kW in den USA heißt dies, daß jeder US-amerikanische Staatsbürger im Schnitt 110 Sklaven für sich beschäftigt, ein mittlerer 4-Personenhaushalt also insgesamt ein Gesinde von 440 Sklaven. Ein Europäer mit einer mittleren Energieverbrauchsleistung von 6 kW beschäftigt immerhin noch 60 Sklaven, während ein Mensch aus einem armen Entwicklungsland wie Bangladesch mit einer Energieverbrauchsleistung von knapp 100 W gerade noch einen Sklaven für sich beansprucht. Ein Chinese hat schon 10 Sklaven. Wir sollten uns diese Zahlen immer wieder vor Augen halten, wenn wir über die Frage der Zumutbarkeit einer Mäßigung unseres Energieverbrauchs nachdenken.

Im Vergleich zu den chemischen Energien (die im Ursprung, aufgrund der Kräfte in der Atomhülle, elektromagnetischer Natur sind), wie sie beim Verbrennen von Steinkohle oder Benzin auftreten, werden bei der Spaltung von schweren Atomkernen, wie z. B. dem spaltbaren Uranisotop U^{235}, auf die Masse bezogen eine Million mal mehr Energie freigesetzt: 1 kg U^{235} entspricht energetisch also etwa 1000 Tonnen oder 1 Kilotonne Steinkohle. Andererseits ist das spaltbare Uranisotop nur zu 0,7 % im Natururan vorhanden.

5. Engpässe bei Energiequellen und Energiesenken

Unsere menschlichen Aktivitäten werden aus einer Reihe von Energiequellen gespeist. Als praktisch zeitlich unbegrenzte Energie-Ressource, gewissermaßen als ständiges Energie-Einkommen, steht uns nur die täglich von der Sonne zugestrahlte ‚arbeitsfähige‘ Energie (mit einer Leistung von 178 000 Terawatt) zur Verfügung, (wobei wir, wenn wir ‚unbegrenzt' sagen, davon absehen, daß unsere Sonne bald ihre Lebensmitte erreicht hat und in etwa 5 Milliarden Jahren ihre Kernfusionsenergie-Vorräte aufgezehrt haben wird). Soweit diese Sonnenstrahlung nicht schon von der oberen Erdatmosphäre in den Weltenraum reflektiert wird, können wir sie sie primär direkt über das Sonnenlicht oder sekundär als Wasser- und Windenergie oder über Biomasse nutzen.

Wirtschaftlich wird die Sonnenenergie heute nur in einem sehr begrenzten Umfange genutzt. Von dem heutigen Welt-Primärenergieverbrauch (1990) mit einer Leistung von etwa 13 Terawatt, was etwa 1/13 700 der Sonneneinstrahlung oder der Körperleistung von 130 Milliarden Sklaven oder bei 5,4 Milliarden Menschen auf der Erde durchschnittlich 2,4 kW pro Person oder 24 Sklaven entspricht, werden weltweit nur etwa 1,6 Terawatt (TW) oder 12 % durch Biomasse und weitere 0,8 TW oder 6 % durch Wasserkraft abgedeckt. Diese Zahlen sollten verglichen werden mit den 40 TW der Sonnenenergie (also etwa dem dreifachen des Welt-Primärenergieverbrauchs), die nach heutigen Schätzungen auf den Landflächen der Erde im Mittel als Biomasse gebunden werden, was also bezüglich der Gesamt-Sonnenstrahlung nur zu etwa 0,2 Promille gelingt.

Dieser winzig klein erscheinende Wirkungsgrad geht jedoch nur zu einem kleinen Teil, nämlich zu etwa 5 %, zu Lasten der eigentlichen Photosynthese der Pflanzen. Hier spielt vor allem eine Rolle, daß etwa nur ein Viertel der Sonnenenergie, nämlich im wesentlichen nur im roten und violetten Wellenlängenbereich des sichtbaren Lichtes, photosynthetisch aktiv ist und in diesen Bereichen im Mittel nur zu 28 % konvertiert wird. Hierbei ist die Energieaufnahme im langwelligen (roten) Bereich (33 %) effektiver als im kurzwelligen (ultravioletten) Bereich (22 %), weil im Schnitt für die Bindung eines Kohlenstoffatoms sechs Photonen unabhängig von ihrer Energie nötig sind. Durch Reflexion des Lichtes an den Pflanzen gehen nochmals 25 % verloren. Insbesondere im grünen Bereich, also gerade dort (Wellenlänge 0,48 Mikron), wo die Sonne ihre höchste Intensität besitzt, ist sogar wegen der starken Reflexion dieses Lichtes durch grüne Pflanzen die Biomassebildung am geringsten. Zusammengenommen wird dadurch der Wirkungsgrad auf etwa 0,25 x 0,28 x 0,75 = 5 % reduziert. Dieses charakterisiert ein absolutes Maximum. Ungefähr wird dies auch kurzzeitig realisiert im tropischen Regenwald (direkt gemessene Biomassebildung bis zu 4,4 %). Die über ein Jahr gemittelte Ernteproduktivität in den USA liegt bei 1,7 %, wobei allerdings eine zusätzliche Energiezufuhr durch den Kunstdünger gegengerechnet werden muß. Auch in den Tropenwäldern sinkt wegen des Eigenverbrauchs und der starken Abbauprozesse im warmen Klima die Netto-Biomassenrate auf weniger als 1 %. Im allgemeinen bleibt aus ähnlichem Grunde auch andernorts die Netto-Biomassenrate wesentlich unter 1 %, insbesondere wenn auch eine große Zahl anderer Faktoren wie Bewölkung, Blattabschattung, klimatische (Temperatur) und geographische Bedingungen berücksichtigt werden.

Im Vergleich zu der von außen auf die Erde fallenden Sonnenstrahlung ist die auf der Erdoberfläche ankommende Sonnenstrahlung um etwa 44 % reduziert, weil ein erheblicher Teil aufgrund von Reflexion in der oberen Atomosphäre (33 %), Verdunstungsarbeit (21 %) und Winderzeugung (2 %), verloren geht. Zieht man nun noch in Betracht, daß nur etwas weniger als 30 % der Erdoberfläche von 510 Millionen km^2 aus Land besteht, von dem wiederum ungefähr nur 60 Millionen km^2, also weniger als die Hälfte (oder rund 12 % bezogen auf die Erdoberfläche) für die Photosynthese ‚ausreichend‘ pflanzenüberwachsen ist, so daß sich leicht die früher erwähnte Biomassenbildung von etwa 0,02 % verstehen läßt. Für die mittlere Biomassen-Erzeugungsrate auf den bewachsenenen Flächen errechnet sich ein Wert von etwa 0,65 W/m^2. Es ist nicht ganz richtig, die Meere bei dieser Aufrechnung ganz zu vernachlässigen, da sich im Küstenbereich ähnliche Erzeugungsraten für die Biomasse wie im Tropenwald ergeben, die allerdings auch hier nur von kurzem Bestand ist, zum Teil weil sie den gewichtigen Anfang einer langen Nahrungskette bildet.

Der Löwenanteil, nämlich 82 % des Welt-Primärenergieverbrauchs von 13 TW oder 10,7 TW, ist jedoch nicht mit der ständig zuströmenden Sonnenenergie verbunden, sondern basiert auf nicht-erneuerbaren Energieträgern, so vor allem 77 % auf den fossilen Brennstoffen Kohle, Erdöl und Erdgas, und etwa 5 % auf Atomkernspaltung.

Das gesamte jemals vorhandene Weltvorkommen an fossilen Brennstoffen, von denen wir schon einen großen Teil aufgebraucht haben, entspricht energiemäßig nur der Sonneneinstrahlung von etwa zwei Wochen. Dies mag uns überraschen, wenn wir daran denken, daß sich die fossilen Lagerstätten über Zeiträume von hundert Millionen Jahren gebildet haben. Wir müssen dem gegenüber uns jedoch daran erinnern, daß weit weniger als ein Promille der Sonnenenergie zeitweise in Biomasse gebunden wird und Biomasse geologisch nur unter ganz besonderen geologischen Bedingungen (mit weniger als einer millionstel Wahrscheinlichkeit) in tiefere Erdschichten gelangt.

Die zeitlichen Reichweiten der nicht-erneuerbaren Energieträger ergeben sich aus einem Vergleich des Vorkommens und der Verfügbarkeit dieser Energieträger in der uns zugänglichen Erdkruste mit unserem jetzigen und künftig zu erwartenden Energieverbrauch. Hier treten gravierende Engpässe auf. Vergleicht man etwa den jetzigen Weltverbrauch von fossilen Energieträgern, der etwa einer halben Stunde Sonneneinstrahlung entspricht, mit dem ,zwei-wöchigen' Vorkommen der fossilen Brennstoffe, so kommt man auf eine Reichweite von etwa 600 Jahren. Diese Abschätzung ist aber viel zu grob. Sie muß in dreierlei Hinsicht verbessert werden. Erstens lassen sich nicht alle Vorkommen wirtschaftlich vernünftig abbauen. Zweitens müssen wir in Betracht ziehen, daß Vorrat und Verbrauch bei den verschiedenen fossilen Energieträgern in sehr verschiedener Beziehung zueinander stehen. So ist insbesonders Erdöl im Vergleich zu Kohle viel seltener, der Verbrauch von Erdöl jedoch höher als der von Kohle. Dies bedeutet, daß Erdöl wesentlich schneller als Kohle bei Fortschreibung des jetzigen Trends zur Neige gehen wird. Wir müssen schließlich drittens berücksichtigen, daß der Verbrauch keineswegs bei den jetzigen Zahlen stehenbleiben wird, sondern, wie dies die Vergangenheit gezeigt hat, wohl weiterhin jährlich eine gewisse Zuwachsrate (etwa 3 % für Erdöl und Erdgas und etwas weniger für Kohle) erfährt. Unter allen diesen Gesichtspunkten gelangt man für die Reichweiten etwa zu den Prognosen: Steinkohle und Braunkohle 200 Jahre, Erdöl 45 Jahre und Erdgas 60 Jahre. Selbst wenn wir die Vorräte an fossilen Energieträgern auf irgendeine Weise – etwa durch massiven Einsatz von Kernenergieträgern – effektiv *verdoppeln* könnten, so würde dies bei einem 3 %-igen jährlichen Wachstum des Energieverbrauchs die drohende Verknappung nur um etwa 23 Jahre hinauszögern. Wir müssen also zu drastischen Mitteln greifen, um aus unserem globalen Energiedilemma herauszukommen.

Das ist aber noch nicht alles. In unseren Überlegungen haben wir bisher nämlich nur die künftigen Engpässe auf der *Ressourcenseite* der Energie in Betracht gezogen. Wie heute immer deutlicher wird, treten jedoch auf der *Entsorgungsseite* nicht minder große Schwierigkeiten auf, die langfristig ebenfalls eine Beschränkung des Energieumsatzes notwendig machen. Allgemein bekannt ist dies heute ja durch die Erzeugung von Kohlendioxyd bei der Verbrennung von kohlenstoffhaltigen Brennstoffen (vor allem also von Kohle, dann aber auch von Erdöl und im geringeren Maße von Erdgas), das als Treibhausgas Klimaveränderungen im globalen Maßstab heraufbeschwört. Vermutlich ist dies nur die Spitze eines Eisbergs, erscheint es doch unmittelbar einleuchtend, daß alle anthropogenen, technisch aufbereiteten und angewendeten Energieflüsse in irgendeiner Weise, direkt oder indirekt, zu mehr oder weniger großen Störungen des irdischen Ökosystems führen. Wolfram Ziegler hat in einer Studie, in welcher der anthropogene Ausfall biologischer Arten als wichtiger Hinweis für die technisch-zivilisatorische Überbelastung der natürlichen Systeme gewertet wird, die interessante These vertreten, daß der anthropogene und letztlich thermische durchschnittliche Energiefluß pro Zeit- und Flächeneinheit effektiv als Kausal- und Kenngröße für die Umweltbelastung geeignet sei. Für Mitteleuropa kommt er hierbei auf eine maximale Grenzbelastung von 160 ± 20 kW/km^2 oder $0,16 \pm 0,02$ W/m^2.

Es ist interessant, diese ‚empirisch' ermittelte Grenzbelastung mit der in Deutschland im Mittel am Boden einfallenden Sonnenstrahlung von 116 W/m^2 zu vergleichen. Die Grenzbelastung liegt hierzu bei etwa einem Promille. Aufschlußreicher erscheint vielleicht ein Vergleich mit dem früher abgeschätzten Mittelwert für die sonnen-induzierte Biomasse von etwa 0,65 W/m^2 (also etwa 0,5 % im Vergleich zur am Boden ankommenden Sonnenstrahlung). Dies bedeutet, daß der ökologisch maximal verträgliche kommerzielle Energieumsatz bei etwa einem Fünftel der im Mittel durch Sonnenenergie gebildeten Biomasse liegt. Für den Globus ließe sich daraus eine Grenzbelastung durch *anthropogene, technisch aufbereitete* Energieumsätze in Höhe von insgesamt 8 TW extrapolieren.

Es sollte vielleicht nochmals betont werden, daß die hier abgeschätzten Grenzwerte unabhängig von der Ressourcenfrage sind, da von den negativen Auswirkungen der Energieumsetzung auf die Ökosphäre (output oder Entsorgung) und nicht von der Knappheit von Primärenergieträgern (input) ausgegangen wurde. Wir nehmen dabei an, daß Sonnenenergie-Nutzung nicht in die hier akzentuierten anthropogenen, technisch aufbereiteten Energieumsätze eingerechnet werden muß, was gerechtfertigt erscheint, solange diese nicht extrem anders als in der Natur (z. B. durch hohe Konzentration) vor sich geht. Da das Biosystem der Erde sich über Jahrmilliarden auf die Sonneneinstrahlung als wesentliche Primärenergiequelle eingestellt hat, erscheint das hier gewonnene Ergebnis, daß eine Störung des Biosystems dann schädlich wird, wenn es sich den Werten der sonnen-induzierten Biomasse nähert, recht plausibel.

6. Das persönliche Energie-Budget

Eine solchermaßen vorgegebene energetische Grenzbelastung der Ökosphäre von etwa 8 TW würde dann entsprechend der jeweiligen Bevölkerungsdichte eine Begrenzung des mittleren Pro-Kopf-Verbrauchs an Primärenergie erfordern. Unter der Annahme einer gleichverteilten Nutzung der ‚Natur' auf unserer Erde durch die derzeitig etwa 5,4 Milliarden Menschen – was offensichtlich ein Gebot der Gerechtigkeit sein sollte, würde aufgrund dieser Überlegungen ein Primärenergieverbrauch pro Kopf von nur etwa 1,5 Kilowattstunden pro Stunde, also 1,5 kW zulässig erscheinen. Dies entspricht pro Kopf und Jahr 13 000 Kilowattstunden oder 1300 Liter Erdöl oder 1,6 Tonnen Steinkohlen oder auch 13 000 km Interkontinentalflug. Dieser Wert von 1,5 kW muß mit den etwa 6 kW pro Kopf-Verbrauch eines Mitteleuropäers, den 11 kW eines US-Amerikaners, den 800 W eines Chinesen oder den 80 W eines Bewohners der ärmsten Länder verglichen werden.

Lassen Sie mich bezüglich dieser Zahl 1,5 kW oder 8 TW für den totalen Verbrauch eine kurze kritische Bemerkung machen. Zweifellos ist die hier vorgestellte Abschätzung einer Energiegrenzbelastung des irdischen Ökosystems von etwa 8 TW (was der persönlichen Primärenergieleistung von 1,5 kW entspricht) reichlich anfechtbar. Dennoch gewinnt man den Eindruck, daß ein Wert in dieser Größenordnung in vielerlei Hinsicht plausibel erscheint. Er ist nicht weit weg von dem jetzigen Weltmittelwert ohne Biomasse und Wasserkraft von 10,7 TW (was einem Pro-Kopf-Wert von 2,0 kW entspricht), von dem wir den Eindruck haben, daß er langfristig schon nicht mehr ökologisch verträglich sei. Sollten wir jedoch in der Tat unsere Abschätzung zu pessimistisch gemacht haben, so wird dies in Zukunft außerordentlich hilfreich sein, da wir mit Sicherheit, wenigstens in den nächsten Dekaden, mit weit mehr als 5.4 Milliarden Menschen zu rechnen haben. Schließlich haben die insgesamt nur noch 8 TW kommerzielle Primärenergie eine Größenordnung, von der man sich gut vorstellen kann, daß sie – wenn wir nun auch die prekäre Ressourcenseite mitberücksichtigen – langfristig direkt oder indirekt ganz aus Sonnenenergie gespeist werden könnte.

Doch welche Konsequenzen hätte die Forderung einer solchen Absenkung des Energieverbrauchs für die nördliche Welt und insbesondere auch für uns hier in Europa? Ein Absenken des Energieverbrauchs in Mitteleuropa auf 1/4 des jetzigen Verbrauchs (in den USA sogar auf 1/7), der unserer Forderung gerecht wird, ist selbstverständlich nicht einfach, *aber unmöglich ist es nicht*. Eine grobe Betrachtung ergibt, daß eine erste Halbierung unseres jetzigen Energieverbrauchs allein durch technische Maßnahmen – also intelligentere Formen der Energie-Erzeugung und der Energie-Nutzung ohne Schmälerung der Energiedienstleistungen – möglich sein sollte. Eine zweite Halbierung würde aber wohl nur durch eine Änderung unserers Lebensstils möglich sein. Diese zweite Halbierung stellt die eigentliche Herausforderung für uns dar. Um ihr wirksam zu begegnen, wird individueller guter Wille und Idealismus dringend nötig sein, aber langfristig kaum ausreichen. Wir brauchen dazu äußere Hilfestellungen. Dies beschert uns ein typisches Henne-Ei-Problem: Eine Bereitschaft zu einer solchen Änderung wird durch eine äußere Hilfestellung gefördert, die andererseits politisch nur durch eine solche Bereitschaft initiiert und inszeniert werden kann. Es geht also darum, für diese Bereitschaft eine kritische Masse zu schaffen.

7. Politische Umsetzungsstrategien

Eine Initiative in Richtung einer 1,5-Kilowatt-Gesellschaft kann m. E. nur von der Bevölkerung ausgehen. Sie hat dafür, wie ich glaube, genügend Verantwortungsbewußtsein. Die Menschen müssen das Problem aber von ihrem eigenen Standort sehen und richtig einschätzen können. Was bedeutet dies konkret?

Ich halte es für nicht ausgeschlossen – und dies ganz im Sinne, wie es auch von Ernst Ulrich von Weizsäcker seit Jahren in aller Deutlichkeit propagiert wurde –, daß in Deutschland oder auch in der ganzen Europäischen Gemeinschaft eine geeignete *Lenkungsabgabe auf nicht-erneuerbare Energieressourcen* wie etwa Kohle, Erdöl, Erdgas und Kernenergie politisch durchgesetzt werden kann, so daß deren Marktpreise sich in den nächsten 15 bis 20 Jahren real auf etwa das *Drei- bis Vierfache* ihres jetzigen Preises erhöhen würden, *vorausgesetzt*

– daß die Bevölkerung zuvor umfassend über Sinn und Zweck dieser Maßnahme unterrichtet wird;
– daß diese Erhöhung in einer stetigen und voll berechenbaren Weise über einen längeren Zeitraum, sagen wir von 15 oder 20 Jahren, vollzogen wird (was eine jährliche Preissteigerungsrate von etwa 7 % plus Inflationsrate erfordern würde);
– daß die dabei zusätzlich eingezogenen Gelder zum wesentlichen Teil in einer geeigneten, die ökologische Nachhaltigkeit weiter unterstützenden Weise wieder an die Verbraucher zurückfließen.

Ein kleinerer, nicht zurückgegebener Teil sollte zur Erschließung der Sonnenenergie in allen Formen und zur Reparatur der durch den erhöhten Energieverbrauch verursachten Umweltschäden, also zur *Internalisierung* der durch diesen Verbrauch aufgetretenen und noch auftretenden *externen Kosten*, verwendet werden. Der Schwerpunkt der Investitionen sollte jedoch anfänglich eindeutig bei einer Umstrukurierung der Produktion in Richtung auf Energieeffizienz und Schadensvermeidung als auf Schadensreparatur gerichtet sein. Ein durch eine Preiserhöhung erzeugter zusätzlicher Kostendruck würde langfristig die Schadenvermeidung vor der Schadenreparatur wirtschaftlich begünstigen.

Ich sollte vielleicht noch eine kurze Bemerkung anfügen, auf welche Weise die bei der Lenkungsabgabe vereinnahmten Gelder wieder an die Verbraucher zurückfließen sollen. Viele betrachten die Rückführung dieser Gelder als den eigentlich kritischen Teil einer solchen Maßnahme, weil es sich hierbei doch um ganz beträchtliche Summen handelt, die dem Staate, der diese ja zunächst kassiert, enorme Manipulationsmöglichkeiten einräumen würde. Andererseits ist aber ja eine gezielte Verwendung letztlich die eigentliche Absicht einer Lenkungsabgabe. Eine dadurch bewirkte Erhöhung der Staatsquote im Wirtschaftsgeschehen wird jedoch von einigen mit großer Skepsis betrachtet. Viele möchten deshalb die Verfügung über diese Gelder im wesentlichen den Steuerzahlern selbst überlassen. Dies kann am leichtesten wohl durch eine geeignete Absenkung der Mehrwertsteuer geschehen oder, noch gerechter – wie es etwa in der Schweiz vorgesehen werden soll, durch Bildung eines Ökofonds, aus dem jeweils am Jahresende das eingesammelte Geld als Ökobonus gleichmäßig an alle Staatsangehörigen ausgeschüttet wird. Bei dieser Verteilung nach dem Gießkannenprinzip würden wir aber dann gerade auf eine zusätzliche hochwirksame Ökolenkung verzichten. Ich würde es deshalb für eine bessere Lösung halten, einen solchen Ökofond im Rahmen einer staatsunabhängigen Stiftung einzurichten, die durch ihre Statuten auf die Förderung der ökologischen Nachhaltigkeit der Wirtschaft festgelegt ist. Diese Stiftung sollte durch einen geeignet ausgewählten ökologischen Stiftungsrat geleitet werden, der sich aus kompetenten und weitsichtigen Personen aus allen Teilen der Gesellschaft konstituiert und der für eine verantwortungsvolle, ökologisch optimale und sozial ausgewogene Verteilung der Gelder sorgen soll.

Eine auf diese oder ähnliche Weise kaufkraft-abgepufferte Energieverteuerung könnte eine entscheidende Wende in unserer Wirtschaftsweise bewirken. Sie würde in der Folge nicht nur den gesamten Primärenergieverbrauch senken, sondern insgesamt den Umsatz von ‚Material' dämpfen, wodurch eine erhebliche Verminderung des Schadstoffausstosses resultieren würde. Außerdem würde durch eine dadurch letztlich bedingte *Verteuerung des Transports* auch eine *räumliche Dezentralisierung* von Produktion, Handel und Gewerbe wesentlich begünstigt werden. Dies wiederum würde die Bewahrung und Entwicklung eigenständiger wirtschaftlicher und kultureller Strukturen fördern mit allen ihren positiven Konsequenzen bezüglich größerer Unabhängigkeit der spontan kommunikationsfähigen Lebenseinheiten (der Regionen) und damit zu einer höherer Lebensqualität ihrer Menschen führen.

Im Gegensatz zu dieser optimistischen Vorstellung halten die meisten jedoch eine solche Energieverteuerung politisch für *praktisch undurchführbar*, weil sie glauben, daß dies – um lokale Benachteiligungen und Wettbewerbsverzerrungen zu vermeiden – notwendig eine *globale* Einführung voraussetzt, was kaum konsensfähig erscheint. Meines Erachtens ist jedoch der Erfolg einer Energie-Lenkungsabgabe für ihre Initiatoren *nicht* notwendig an eine weltweite Einführung gekoppelt. Denn bei dem geschilderten Vorgehen würden einerseits kompensierende Vergünstigungen durch das teilweise rücklaufende Geld die Nachteile für den einzelnen wesentlich mindern helfen, andererseits aber – und dies ist wohl das Entscheidendere – würden die dadurch stimulierten, kräftigen Entwicklungen intelligenter Energieerzeugungs- und Energienutzungstechnologien, von denen viele als entwicklungsreife Pläne ungenutzt in diversen Schubladen verstauben, für die Pioniere einen zukunftsträchtigen Markt mit enormen langfristigen Vorteilen erschließen. Es könnte hier also eine Innovationslawine mit starken positiven Auswirkungen auf den Arbeitsmarkt ins Rollen kommen, die durch die Möglichkeiten der ‚sanften' Technik, der Mikroelektronik und Informatik, wissenschaftlich-technisch unterstützt würde.

Wichtig wäre es allerdings dabei, der Bevölkerung klar zu machen, daß es sich bei diesen Lenkungsabgaben *nicht um neue Steuern* zur Finanzierung irgendwelcher anderweitiger Staatsausgaben (außer der Internalisierung externer Kosten) handelt, sondern um ein ‚Abhalte-Anreiz-Steuerungsinstrument' mit dem Hauptziel, eine intelligentere Nutzung der arbeitsfähigen Energie zu fördern und damit den Verbrauch an Primärenergie drastisch abzusenken. Denn ökologisch betrachtet rangiert ‚Energieeinsparung' eindeutig günstiger als die Bereitstellung zusätzlicher fossiler oder nuklearer Energien, und dies gilt auch wirtschaftlich, wenn wir mit ‚richtigen‘, die externen Kosten berücksichtigenden Preisen rechnen. Bei richtiger Vorteilnahme sollte auch für ‚den kleinen Mann‘ oder ‚die kleine Frau‘ insgesamt dadurch kaum eine wirtschaftliche Verschlechterung eintreten.

Zur weiteren Erhöhung der Akzeptanz einer solchen Maßnahme bei der Bevölkerung wäre es wohl psychologisch ratsam, durch eine detaillierte Auflistung und Veröffentlichung der Energieaufwendungen der wichtigsten Verbrauchsgüter (in deren gesamtem ‚Lebens‘-Zyklus) und Dienstleistungen dem einzelnen Menschen die Möglichkeit zu bieten, sich eine eigene Vorstellung von seinem persönlichen Energieverbrauch zu verschaffen. Die Abschätzung der gesamten Energieaufwendungen von Produkten ‚von der Wiege bis zur Bahre‘ verlangt im allgemeinen eine komplizierte Produktlinien-Analyse, die auf unübersichtliche Weise vom gesamten Wirtschaftsprozeß abhängt. Für den hier anvisierten Zweck ist jedoch nur eine ganz grobe Bewertung für die energie-intensivsten Produkte nötig, um einen Eindruck von der jeweiligen Energiequalität der Produkte zu vermitteln. Greenpeace Schweiz hat z. B. 1990 eine solche Liste und entsprechende Fragebogen erstellt, der sich auf einen Schweizer Staatsbürger mit einem mittleren Pro-Kopf-Energieverbrauch von 6.5 kWh pro Stunde bezieht und die folgende Verteilung bei der Primärenergie aufzeigt:

- Wohnen (Heizen, Warmwasser, Geräte, Licht) 29 %
- Transport – persönliche Mobilität (privater und öffentlicher Verkehr, Produktion von Autos, Straßenbau) 18 %
- Zusätzlicher privater Konsum (Verbrauchsgüter, Dienstleistungen, Versicherungen usw.) 27 %
- Ernährung (Nahrungsmittel, -Verarbeitung, -Verteilung) 14 %
- Öffentlicher Konsum (Schulen, Verwaltung, Forschung, Kultur, Militär usw.) 12 %

Mit Hilfe solcher Listen und Fragebögen könnte im Prinzip jeder in einem zweiten Schritt selbst versuchen, sein persönliches ‚Energie-Menü' im Rahmen seines mittleren 1,5 kW-Energie-Leistungsbudgets zusammenzustellen. Jeder von uns würde dadurch ein Gefühl entwickeln, an welcher Stelle und in welchem Maße wir heute ‚über unsere Verhältnisse' leben und welche Schritte er oder sie persönlich unternehmen müßte, um zu einem ökologisch verträglicheren Lebensstil zu gelangen.

Mit der Vorstellung einer ‚1,5-kW-Gesellschaft' sollten wir dabei nicht eine Ökodiktatur suggerieren, die eine 1,5 kW Beschränkung als strikte Forderung erhebt, sondern diese Vorstellung soll neue *Vorbilder* schaffen und zur allgemeinen Bewußtseinbildung beitragen. Sie soll die Menschen befähigen, die notwendige kritische Masse für eine Änderung zu bilden. Denn viele, so glaube ich, würden wohl bei dieser Übung mit Erleichterung feststellen, daß eine solche Energiebeschränkung, die zweifellos an manchen Stellen einschneidende Änderungen lieber Gewohnheiten und dementsprechend auch empfindliche Opfer verlangt, jedoch *keineswegs* von uns erfordert, künftig in ‚Sack und Asche' zu vegetieren und sehr wohl ein im besten Sinne *sinnerfülltes, lust- und freudvolles Leben* zuläßt.

Wir brauchen heute dringend Entwürfe für solche positiven, in vollem Sinne lebenswerte Lebensstile. Es gibt solche, und deshalb wird auch ein Wandel nicht ausgeschlossen sein. Wir müssen ihn nur wirklich wollen und ihn, vor allem katalytisch, richtig auf den Weg bringen.

Bibliographische Nachweise

Die Verantwortung naturwissenschaftlichen Erkennens
Vortrag vom 31. 10. 1989 an der Evangelisch-Theologischen
Fakultät der Westfälischen Wilhelms-Universität Münster im
Rahmen der Ringvorlesung „Die Verantwortung des Wissens"; in: Wissen als Verantwortung – Ethische Konsequenzen des Erkennens, Hans-Peter Müller (Hg.), Verlag W. Kohl-
hammer – Stuttgart Berlin Köln 1991

Mensch und Natur – Die Partnerschaft mit der Umwelt
„Partnerschaftliche Verantwortung für die (Um-)Welt", Autorisierte Vortragsabschrift vom Tonband, in: Gemeinsam nutzen statt einzeln verbrauchen. Internationales Forum für Gestaltung, Ulm, Anabas Verlag 1993

*Ökologische Herausforderung der Ökonomie – Eine natur-
wissenschaftliche Betrachtung*
„Ökonomie und Natur – Von der wachstumsfixierten Wirtschaftsordnung zu einer nachhaltigen Wirtschaftsweise", Be-
ratungsrunde von Vor-, Nach- und Querdenkern aus Wissenschaft, Politik, Wirtschaft und Medien; Evangelische
Akademie Tutzing, 19.–21. 2. 1990; zuletzt als Beitrag zur
Ringvorlesung der FU Berlin „Energie-Umwelt-Abrüstung",
27. 1. 1992; in: informationsdienst Wissenschaft&Frieden 3 u.
4, BDWI-Verlag 1992

*Naturwissenschaft und Poesie – Begreifen und Spiegeln der
Wirklichkeit*
Essay entstanden für „Metamorphosen des Wirklichen", 5.
Cortona-Woche der ETH Zürich 14.–21. 4. 1991 zu „Natur-
wissenschaft und Ganzheit des Lebens", sowie „Naturwis-

senschaft und poetischer Raum – Begreifen und Spiegeln der Wirklichkeit" vor dem PEN-Club Österreich in Wien 6. 5. 1991; in: Scheidewege, 22, Friedrich G. Jünger und Max Himmelheber (Hg.), 1992

Sicherheitspolitik im Spannungsfeld von Ökologie und Ökonomie
Kolloquium „Europäische Sicherheitsinteressen" 1.–2. 7. 1991 in Hamburg; und Evangelische Akademie Tutzing und European Center for International Security (EUCIS), 11.–14. Oktober 1993, Konferenz „Auf dem Weg zu einer neuen internationalen Ordnung"; in: epd-Dokumentation „Kooperative Sicherheitspolitik in der Ost-West- und der Nord-Süd-Dimension", hg. Gemeinschaftswerk der Evangelischen Publizistik e.V. , Frankfurt/M. 1994

Die 1,5-Kilowatt-Gesellschaft – Intelligente Energienutzung als Schlüssel zu einer ökologisch nachhaltigen Wirtschaftsweise
Beitrag zur Vortragsreihe am Wuppertalinstitut für Klima, Umwelt und Energie im Wissenschaftszentrum NRW, Wuppertal 25. 1. 1994; und Eröffnungsvortrag zu „Billige Energie zu hohen Kosten – Internalisierung externer Effekte: Philosophie und Theorie", Energieverwertungsagentur, Wien 30. 3.–1. 4. 1993

Der Herausgeber

MATTHIAS BRAEUNIG, 1964 in Berlin geboren, studierte Physik an der Technischen und an der Freien Universität Berlin. Erste wissenschaftliche Arbeiten im Bereich experimenteller Kern- und Elementarteilchen-Physik. In Freiburg lernte er Yoga, das er u. a. als Kursleiter weitergibt. Mit der Gründung des „Atelier für ökologische Bildung" 1993 in Staufen konzentriert sich sein Interesse auf die Erforschung ganzheitlicher Organisationsstrukturen und Systeme. Das Atelier will neue Ansätze für Unternehmens- und Entwicklungsbegleitung im Sinne einer Ökologie fruchtbar machen.

Blick in die Zukunft

Ludger Kühnhardt
Jeder für sich und alle gegen alle
Zustand und Zukunft des Gemeinsinns
Band 4327
Unsere Gesellschaft – ein Verein raffgieriger Individualisten und
Egoisten? Ein Plädoyer gegen Politikverdrossenheit und Scheuklappen.

Heinz Steinig
Elektrosmog – Der unsichtbare Krankmacher
Band 4302
Verursachen Mobilfunk und Hochspannungsanlagen, Mikrowellenherde
und Personalcomputer wirklich bedrohliche Krankheiten?

Albert Schweitzer
Wie wir überleben können
Eine Ethik für die Zukunft
Herausgegeben von Harald Schützeichel
Band 4264
Wir müssen umlernen: Nur wenn wir mit der Schöpfung verantwor-
tungsvoll umgehen, werden wir überleben. Die zentralen Texte des Frie-
densnobelpreisträgers, aus denen seine Ehrfurcht vor dem Leben spricht.

Dorothee Sölle/Fulbert Steffensky
Wider den Luxus der Hoffnungslosigkeit
Band 4257
Welchen Wert haben Visionen von einem anderen Leben, wenn alle
Kreativität in Sachzwängen unterzugehen droht?

Joseph Weizenbaum
Wer erfindet die Computermythen?
Der Fortschritt in den großen Irrtum
Herausgegeben von Gunna Wendt
Band 4192
Klar und deutlich spricht der weltberühmte Informatiker über die Ge-
fahren und Chancen der modernen Mediengesellschaft. „Ein Kultbuch"
(Focus).

HERDER ⁄ SPEKTRUM

Franz Xaver Kaufmann
Der Ruf nach Verantwortung
Risiken und Ethik in einer unüberschaubaren Welt
Band 4138
Wegweisende Lösungen für das Schlüsselproblem unserer Zeit.

Thomas Görnitz
Carl Friedrich von Weizsäcker
Ein Denker an der Schwelle zum neuen Jahrtausend
Band 4125
Die fesselnd geschriebene Hommage an einen eindrucksvollen Menschen und prophetischen Kritiker unserer Zeit.

Christine von Weizsäcker/Elisabeth Bücking (Hrsg.)
Mit Wissen, Widerstand und Witz
Frauen für die Umwelt
Band 4093
Sie blockieren, demonstrieren und intervenieren. In allen Teilen der Welt kämpfen engagierte Frauen den Kampf für die Umwelt, gegen Lobbyisten und Dummheit.

Gerd Michelsen
Unsere Umwelt ist zu retten
Was ich gewinne, wenn ich mein Verhalten ändere
Band 4035
Es ist fünf vor zwölf. Aber wenn sich individuelles und politisches Engagement verschränken, gibt es noch Chancen für die Umwelt.

Friedhelm Hengsbach
Wirtschaftsethik
Aufbruch – Konflikte – Perspektiven
Band 4013
Probleme, die jeden angehen: Hengsbach setzt die Eckpfeiler einer verantwortlichen Neuorientierung.

HERDER / SPEKTRUM

Politische Brennpunkte

Günter Hole
Fanatismus
Der Drang zum Extrem und seine psychologischen Wurzeln
Band 4348
Wir erleben ein erschreckendes Wiederauflodern des Fanatismus. Ratschläge auch für den persönlichen Umgang mit fanatischen Gruppen.

Inghard Langer
Überlebenskampf im Klassenzimmer
Was Schüler und Eltern gegen den Gewaltterror tun können
Band 4297
Prügelei, Schikane, Erpressung – Schulalltag? Ratschläge für alle Eltern, die ihre Kinder mit dem Gewaltproblem nicht allein lassen wollen.

Henner Hess
Mafia
Ursprung, Macht und Mythos
Band 4244
Das Basiswerk über Struktur und Hintergründe der sizilianischen Mafia.

Anetta Kahane/Eleni Torossi
Begegnungen, die Hoffnung machen
Grenzen gegenüber Ausländern überwinden – Ideen und Initiativen
Band 4236
Integration ist möglich, der Austausch zwischen den Kulturen schafft Nähe und Offenheit. Modelle, Beispiele und Anregungen aus der Praxis.

Thomas Brey
Die Logik des Wahnsinns
Jugoslawien – von Tätern und Opfern
Band 4230
Der Bürgerkrieg wurde von langer Hand vorbereitet. Spannend und anschaulich deckt Thomas Brey, Journalist, die verdeckten Spielregeln und Hintergründe dieses Dramas ohne Ende auf.

HERDER / SPEKTRUM

Richard Schröder
Deutschland schwierig Vaterland
Für eine neue politische Kultur
Band 4160

„Für alle, die sich mit den Schwierigkeiten der deutschen Einheit und der Teilung sorgen, sollte das Buch Pflichtlektüre sein" (Der Spiegel).

Fremd in einem kalten Land
Ausländer in Deutschland
Herausgegeben von Namo Aziz
Band 4130

Erfahrungsberichte deutscher und ausländischer Autoren wider die Fremdenfeindlichkeit made in Germany.

Thea Bauriedl
Wege aus der Gewalt
Analyse von Beziehungen
Band 4129

„Es genügt nicht mehr, sich in der eigenen Gruppierung wohlzufühlen, weil man weiß, daß die Schläger und Brandschatzer die anderen sind. Es geht darum, mit den anderen Kontakt aufzunehmen"
(Thea Bauriedl in: Psychologie heute).

Stephan H. Pfürtner
Fundamentalismus
Die Flucht ins Radikale
Band 4031

Eine glänzende Analyse – von den Fußball-Hooligans bis zum religiösen Fanatismus.

Heiko Flottau
Die Bande der Clans
Die arabische Welt besser verstehen
Band 4126

„ ... Flottau attackiert gängige westliche Vorurteile. Er belegt, was den Orient im Gegensatz zum Abendland menschlich und spirituell reicher macht" (Süddeutsche Zeitung).

HERDER / SPEKTRUM